演说改变命运

向马云学习说话之道

李伟英◎著

中华工商联合出版社

图书在版编目（CIP）数据

演说改变命运：向马云学习说话之道 / 李伟英著

. 一北京：中华工商联合出版社，2020.1

ISBN 978-7-5158-2717-9

Ⅰ. ①演… Ⅱ. ①李… Ⅲ. ①马云－语言艺术－通俗读物 Ⅳ. ① H019-49

中国版本图书馆CIP数据核字（2020）第 016188 号

演说改变命运：向马云学习说话之道

作　　者：李伟英
出 品 人：李　梁
图书策划：陈龙海
责任编辑：胡小英
装帧设计：王玉美
责任审读：李　征
责任印制：迈致红
出版发行：中华工商联合出版社有限责任公司
印　　刷：北京毅峰迅捷印刷有限公司
版　　次：2022 年 4 月第 1 版
印　　次：2022 年 4 月第 1 次印刷
开　　本：710mm × 1020mm　1/16
字　　数：146 千字
印　　张：12
书　　号：ISBN 978-7-5158-2717-9
定　　价：48.00 元

服务热线：010—58301130—0（前台）
销售热线：010—58302977（网店部）
010—58302166（门店部）
010—58302837（馆配部、新媒体部）
010—58302813（团购部）
地址邮编：北京市西城区西环广场 A 座
19—20 层，100044
http://www.chgslcbs.cn
投稿热线：010—58302907（总编部）
投稿邮箱：1621239583@qq.com

序

Preface

这是信息化的时代，也是人性化的时代，无论你有多大的能力，你都必须要和周围的人相处融洽，才能更快走向成功。会说话的人，走遍全世界都不怕，总能找到合作者，闯出一片天。

古往今来，有许多人以会说话著称，还因会说话而取得很多成就，流芳千古。苏秦游说列国，曾佩六国相印；孟子雄辩滔滔，名留青史；诸葛亮以三寸不烂之舌，鼎定三分国。会说话的人，一般都是胸中蕴藏着天地，学识和见识都非同凡响的人。那些风流人物，大多开口能说天下大事，一言可载真理大道。

阿里巴巴从创立到今天，能取得如此巨大的成功，马云功不可没。而在马云的众多能力当中，他的口才对他事业成功所起到的帮助作用，又是可圈可点的。他是阿里巴巴的一张“活名片”，他用口才把自己打造成了阿里巴巴的最佳代言人。创业初期，他凭借自己的口才，到处游说，最终用6分钟的时间拿下2000万美元的投资，让公司有了第一笔大的投资。

马云口才好，离不开他长期的锻炼。他从创业之初走到现在，可以说是一路演讲着走过来的。他有很多把话说好的经验和方法，这些，我们可以从他以往的演讲和讲话中分析出来。马云就像是一个集众多讲话经验和技巧于一身的宝库，从马云身上，我们能够学习到很多说话之道。

要想学会说话，无非是两点，一个是不断通过说话来锻炼，另一个就是学习别人的方法。学习能让我们更快掌握说话的奥秘，快速成为一个说话水平高的人。向马云学习说话之道，我们就等于是站在了一个“讲话巨人”的肩膀上，一定能以更快的速度，达到更高的水平。

CONTENTS

目录

第1章 马云用演说征服了世界

003 用一张嘴打开了市场
006 自信就是不用演讲稿
009 真实的话语才能感人肺腑
012 每一次演讲都让人热血澎湃
015 名嘴的背后是正能量的价值观体系

第2章 真情实感的话语最打动人心

021 说话要发自内心，对方才能听到动心
023 自己的故事很平凡，却令人感同身受
026 不同的见解要饱含真情，才更容易被接受
029 说话有真情，就算说错也会被原谅
032 解读对方的心理，赢得对方的心
035 普通的话语如有真情实感，也能震撼人心

第3章 精简的表达最有吸引力

041 讲话越精简越能吸引人
044 移动互联网时代，讲话也要有极致精神
047 一个故事胜过千言万语
050 用一句话抓住核心要点
053 给你几分钟，你要能说清楚
057 别人的提问正是最好的突破口

第4章 做个风趣的“段子手”

063 人人都爱听段子
066 有段子的对话让人记忆深刻
068 用大家熟悉的段子拉近距离
070 “段子手”都给人积极向上的感觉

第5章 独特的风格是优秀演说的必要条件

075 马云的风格是“量体裁衣”
078 风格是别人对演说的整体印象
081 用故事来讲道理是个不错的方法
085 深入浅出是值得拥有的风格

第6章 言语中体现温情和正能量

091 共赢的话语总是受人欢迎
094 关注那些平时不被重视的人
097 把自己的姿态放低，懂得感恩
100 也许我还不够好，但我正在努力变得更好
103 语言的性质一定要是正能量的

第7章 会演说的人一定要有方法

109 演讲是锻炼说话水平的最佳方式
112 演讲让我们的思想被更多的人了解
115 演讲是“演示”+“讲解”
118 演讲时要善于“出奇制胜”
121 类比让演讲更加生动
125 演讲时要给听众创造参与感

第8章 自信和敢于表达是会演说的终极秘密

131 要想会演说，首先要自信
134 敢于表达才能学会表达
137 有自己独特的看法
141 即便不被认同，也敢于说出自己的话
145 用坚定的语气来展现自信

附录 演讲改变命运：我的故事

151 在困境中疯狂学英语演讲
156 充足准备：台上一分钟，台下用苦功
161 用演讲点燃自己，激励别人
166 创业失败，放下一切去学招商
170 会演讲的人不一定会招商
174 疯狂努力，每次招商演讲必须拿到结果
178 创立杰果机构，帮助更多企业家学会招商演讲
182 会招商演讲的企业家就是不一样

第1章

马云用演说征服了世界

会说话的人其实有很多，但像马云这样，能用演说征服世界的人，真的很少见。马云说话的水平和技巧，已经到了一种高水平境界，非一般人可比。

用一张嘴打开了市场

马云能取得今天的成功，不是偶然的，这和他的演说能力密切相关。创业初期都是艰难的，马云凭着他的演说能力到处做宣传和拉客户。可以说，马云是用他的一张嘴打开了市场。

按照马云的话说："我有一副天生的好口才，为什么不可以在大街上宣传我的公司？"

在阿里巴巴还不强大时，马云对阿里巴巴的宣传几乎是随时都在进行。马云就像是一只展开双翅的大鹏，每天都在飞来飞去，到世界各地去做演讲，拼命为阿里巴巴做宣传。马云用他那张巧嘴，让阿里巴巴的名字不断出现在各大国家的商业论坛上。

马云可以一个星期出现在7个国家，一个月去3次欧洲。到了这些地方，他立即就开始演讲，连续不断地演讲。他在各个世界知名大学演讲，哈佛大学、沃顿商学院、麻省理工学院都有他的足迹。他在BBC演讲，在亚洲商业协会演讲，在“世界经济论坛”演讲。

马云貌不惊人，还显得有些瘦小，却总是能雄辩滔滔。他的话总能引起人们的关注，他的热情总能感染无数的人。他用自己的一张嘴，给阿里巴巴赢得了名气，也拉来了无数的合作者。

实际上，当时的阿里巴巴和当时的马云一样，同样是貌不惊人的。美国的《商业周刊》因为马云的演讲，对马云和他的公司产生了浓厚的兴趣，并派出记者来采访。当那个记者辗转来到还位于居民区住宅里的阿里巴巴公司时，被眼前的景象惊讶得差点连话都说不出来。记者想象不出，面对一个连像样的办公场所都没有，员工甚至还要在办公室打地铺的公司，他是如何有那样的雄心壮志的！

在阿里巴巴成立之初，其做的事是超前的，很难找到合作者，也很难打开市场。阿里巴巴起初的规模小，想要发展，难如登天。阿里巴巴的市场，是马云用他的一张嘴拓展开的。马云用极大的热情和干劲，凭借着滔滔不绝的话语，为阿里巴巴硬生生撬开了市场的大门。

当时的马云仿佛已经“魔怔”了，他三句话不离本行，整天说的除了互联网还是互联网。马云只要遇到一个人，就开始讲互联网有多么神奇，未来的发展空间有多么大，并希望对方能够将公司的资料放到网上，然后支付一定的费用。

人们当时对互联网还持有很大的怀疑态度，对马云的话也并不那么相信，觉得他是在骗人。说服别人实在是太难了，马云只好先从身边的人下手，先劝身边的朋友把公司的资料放到网上去。而且为了表示鼓励，马云给他们提供免费的服务。后来，有几家公司和一个律师事务所都收到了来自国外的电话和传真，马云觉得非常高兴，认为这是有效的。然而，没有人愿意给马云付钱，大家依旧对马云的工作持怀疑态度。

没有办法，打开市场就是这么难。马云只好凭借着顽强的毅力，用自己的三寸不烂之舌，不断游说，一点一点艰难地开拓着市场。

马云能打下一片自己的天下，和他的会说话是绝对分不开的。阿里巴巴之所以能有今天的成绩，和马云的口才也有着千丝万缕的联系。有人觉得，马云不是技术派和实力派，所以阿里巴巴如果没有了他，也会发展得很好。但是，如果没有马云，如果不是马云那么会说话，阿里巴巴根本不可能有今天的市场。

自信就是不用演讲稿

马云一开始在演讲时是非常自信的，所以他不用演讲稿，但后来阿里巴巴壮大起来了，他说话时所要考虑的因素也就更多，如果还是不用演讲稿，就容易出错。于是，其他人都劝马云要有演讲稿，避免说错话给公司带来麻烦。

但是有了演讲稿之后，演讲稿会限制住他的思维，打乱他的节奏，让他无法在演讲时有出色的表现。马云很快发现了这一点，于是，他重新把自信心拾起，放弃使用演讲稿，回归到脱稿演讲的状态。

马云以前是当过老师的，当老师的经历让他和一般的企业家有了一些差别，特别是在演讲的自信这方面。马云到了演讲台上，就像是老师回到了讲台，从容自若，挥洒自如。

马云能够做到不用演讲稿，把演讲说得非常好，让台下的听众听得如痴如醉。于是，很多企业家都非常羡慕马云的这种能力，也有些好奇为什么他不喜欢用演讲稿。在一次南京会议上，很多企业家聚在一起，谈论起这个问题。马云告诉了大家真相："我很早以前也念过稿子，一页纸念错6个字，而且节奏也不对了，丢过很大一次脸，从那以后我就不念稿了。"

人有了自信以后，往往能够在演讲中超常发挥，表现得比自己原有的演讲水平更加出色。但是，如果有了演讲稿，就会被演讲稿所束缚，跳不出它的框架结构，也就不可能超常发挥了。王羲之的《兰亭集序》写得非常好，正是因为他借着酒劲儿即兴发挥。等他清醒过来，再要写出比《兰亭集序》更好的字时，却写不出来了。正如艺术家们即兴发挥的往往是传世杰作一样，演讲其实也是脱稿的、类似即兴发挥的演讲才更有吸引力。

敢于即兴发挥正是自信的一种表现，脱稿演讲，正是将照稿朗读式的演讲，变成了更加自信的即兴发挥式演讲。

不过，应该注意的是，有的人可能在演讲中没有使用演讲稿，但是却事先写好了演讲稿，背过之后做脱稿演讲。这样的脱稿演讲，和马云的脱稿演讲是不同的。马云的脱稿演讲，是事先不写演讲稿的，只是在脑海里有一个大体的框架和方向，不会把语言等细节规定死。背过了演讲稿，虽然看似是脱稿演讲，实际上和有演讲稿的差别不是很大，相当于都是按照演讲稿来演讲的。

马云的脱稿演讲，是完全不准备演讲稿的，并不会事先准备出来背熟，而是压根就不写演讲稿，直接就开讲。正是因为他有足够的自信，相信自己能把演讲做好，所以他才敢脱稿。

早年阿里巴巴在推广时，从客户见面会到各种网商大会，几乎是一个演讲接着一个演讲，就像明星在全国各地举办巡回演唱会一样。马云根本就没有那么多时间去准备演讲稿，有时甚至连腹稿都不打一下，直接就上台去讲了。然而，马云却一点都不心虚，总是自信满满。正是因为马云拥有强大的自信，所以马云在演讲时还是讲得非常好，能引起听众的共鸣；并成为压轴的人物登场。这些处处闪耀着自信光辉的演讲经历，让马云逐渐成为一个脱稿演讲的高手。

脱稿演讲不容易，它需要强大的自信来支撑，也可以说是演讲的最高境界。我们应该去努力培养自己脱稿演讲的能力，提高自己的自信心。当我们能够做到不用演讲稿，也不背演讲稿，上台就能演讲时，我们的说话水平就是真的练出来了。

真实的话语才能感人肺腑

真实的话语总是能够说到别人的心里去，如果我们注意在说话时说真实的话语，摒弃那些虚假的空话、大话，我们就能引起他人的共鸣。马云在说话时，总是发自肺腑的，能起到感人至深的作用，让自己的话极具感染力。

马云在跟人说话时，总是会在言语间表现出十分真诚的态度，说很真实的话。比如他经常说自己就是个老师，从来不会以高高在上的姿态示人。在说话时，他的语言很平实和接地气，说的内容也往往是很真实的具体问题，不说空话、套话。

别人在讲话时，往往一开始就是“各位领导、各位同事，大家好”。这种话就显得比较官方，和大家也比较疏远。马云在说话时就显得非常接地气，他一般用最朴实的话来开场，就像我们平时和朋友聊天一样：“大家都到了啊，今天起得有点早，到现在还有点迷迷糊糊的。”朴实的话语，一下子就拉近了和听众之间的距离，让大家觉得非常亲切，交流的欲望也就变得更强了。

马云在演讲时没有演讲稿，说的很多内容都是很真实也很口语化的，让人听了之后感觉和他之间没有任何隔阂。而且，马云会用非常真实的、毫不掺假的内容，让听众感到非常感动。

在说起阿里巴巴的老员工时，马云没有说什么高大上的理论，而是从最本质的人与人之间的情感出发。他说："你们是阿里巴巴最珍贵的一批脊梁，很多人看到你们还留在公司，心里就有底气。我也是如此。如果我到各个办公室看到的还是你们这些脸，就知道阿里巴巴还会扛得过去。"

这不像是老板在和员工讲话，更像是两个好朋友在一起聊天。里面所包含的真实情感，让每一个人都为之感动。阿里巴巴的员工愿意和阿里巴巴一起历经磨难和风雨，始终都不改初心，和马云对他们的真情实感是有很大关系的。阿里巴巴的员工和马云之间，不但有雇佣的关系，还有着深厚的情谊，这是多少钱都买不来的。而这，要归功于马云那些真实的、感人肺腑的话语。

马云真实的讲话，不仅将情感注入到自己的话语当中，让自己的话听起来像是两个老朋友在唠家常，他还会用最真实的话语，告诉所有人真正的现实，从来不会隐瞒什么。因此，从他的话语里，人们能够看清现实，即便现实并不那么美好，但依旧那么真实，真实到让人感到震撼，同时也感到安心。

马云经常对那些新员工说："对每一个来阿里巴巴的员工，我都会告诫他们，这里没办法保证你升官发财，但可以保证你一定会非常辛苦。"没有任何的空头支票，没有任何假大空的鼓励，这最真实的话语，反而能激起每一个新员工的斗志。

在谈到阿里巴巴被攻击时，马云没有任何隐瞒，将所有的状况如实告诉了阿里巴巴的员工："最近我们看了很多文章，百分之九十都是骂我们的，还有百分之十是我们自己写的。跟我判断的一样，大家不要吃惊，确实有对手请了四五家公关公司天天给我们写不好的文章，说我们今天要破产了，明天要走到边缘了，后天又要怎么样了。有些文章我都很想拿来和大家分享一下，提高一下抗击打能力。"

从不回避问题，从不说空话套话，把最真实的内容告诉大家，于是便产生了震撼人心同时也感人肺腑的力量。

冠冕堂皇的话也许会让人感到很好听，但永远不如真实的话语更能打动人心。马云说话从来都以真实为标准，所以他的话总是能够感人肺腑，让人听了之后久久不能平静。

每一次演讲都让人热血澎湃

马云的演讲总是做得非常好。在他演讲时，听众总是听得津津有味，进入他的节奏当中，最后变得热血澎湃。

马云在早年的一次内部讲话中说："中国互联网公司里从事电子商务的人才是一万两千人，阿里巴巴拥有了八千人。一万两千个电子商务人里我们有八千人！"这话让人感到非常自豪，相信每一个阿里巴巴的员工在听到这句话时，都一定会感到骄傲自豪。

由此可以看出，让人们热血澎湃的一种很有效的方式，就是说出一些很重要却往往被人们忽略的事实。要知道，在平时的生活和工作中，我们容易在日复一日的重复内容当中感到无聊，从而失去激情，也忽略了很多很重要的内容。当把这些人们平时忽略的内容直接摆在他们眼前时，就能产生很好的激励效果，让人们感觉到："哇，原来我这么厉害的！"马云在演讲时很善于使用这类话语，所以他的演讲总能让听众感到热血澎湃。

在阿里巴巴18周年的年会上，马云做了压轴的表演和演讲。在演讲中，马云告诉现场和屏幕前的所有员工，在这18年里，阿里巴巴所取得的一切成就中，最大的一个就是拥有了5.4万多名员工。他还告诉大家一个数据：在去年一年的时间里，阿里人在空中飞行的时间是68万个小时，等于在空中飞了77年的时间。这个平时不会有人注意，被大家忽略的数据，顿时感动了所有人，让所有阿里人都为自己自豪和骄傲。马云再次感谢所有阿里员工对阿里巴巴的辛勤付出，也向所有员工的家属表示感谢，感谢他们对阿里员工的支持。这些话一出口，顿时将现场员工的情绪推向了高潮，每个人都热血澎湃，甚至是热泪盈眶。

除了用一些大家平时忽略的事情来让人感到热血澎湃之外，马云还非常善于用美好的未来和信念来激励人，让人变得热血澎湃。实际上，对未来的美好憧憬，每个人都有，只是在现实面前，很多人往往自己就否定了自己。但是马云却告诉大家，没关系，做事之前一定要敢想，美好的未来并不一定是幻想，不要自己先给未来扣上“不可能”的帽子。

生活久了，人们往往都会变得麻木起来，对未来已经没有那么多激情，也可能已经失去了梦想，也失去了憧憬未来和坚信未来的能力。但是，马云总是会在他的演讲里告诉大家，未来很美好，只要我们坚持下去，美好的未来一定会到来。不仅用话语讲述，他更用亲身经历过的真实案例来告诉大家。

对未来的憧憬总是能让人感到热血澎湃，马云能在演讲中把人们对未来的美好憧憬之情激发出来，所以他的演讲便有了让人激情高涨的力量。

马云特别善于鼓励那些处于失败或者困境中的人，给处在生活漩涡中的人们以希望，这是马云的演讲能让人感到热血澎湃的又一个原因。

> 马云经常告诉大家，他只不过是一个老师，还跟人们说“我之所以成功是因为我没有钱”。有人觉得马云的这些话好像是有点不太对，但是如果放到演讲的那个环境里，就不会有任何违和感了。当马云谈到很多人都在纠结自己没有钱、资金方面十分困难等问题时，马云告诉他们，没有钱也不是什么大问题，没钱你也能够成功，钱嘛，总是会有的。然后他就举出自己的例子，以此来鼓励大家要对自己充满希望，不要被眼前的困境所吓倒。这样一来，听众就会觉得充满希望。

在困境中播撒希望，在失败时给人鼓励，这是马云经常做的事情，也是马云的演讲之所以让人热血澎湃的重要原因之一。

名嘴的背后是正能量的价值观体系

马云能说会道这是大家都知道的，而马云之所以能够成为大家公认的名嘴，还不令人感到反感，不让人觉得他在夸夸其谈，是因为他会说话的背后，是正能量的价值观体系。

马云时刻都在向人们传递着正能量，他的演讲总能给人带来积极向上的情感和动力。

我今天在这谈一下我的感受和体验，高考我并不算很成功，考了几年，我数学1分那是真的，第二年考了19分，第三年考了89分，但我从来没放弃过。

我给大家一个提醒、一个建议，提醒是今天你们获得中国最荣耀的毕业证书，但是那只是一张纸，只证明这四年或者六年，或者八年，你父母为你付了很多的学费，这是一张学费的通知单而已，告诉你付了那么多学费，花了那么多时间做了很多的模拟考，这仅仅是模拟考而已。也给大家一个建议，如果你们毕业于清华大学，请大家用欣赏的眼光看看杭师大的同学；如果你毕业于杭师大，请用欣赏的眼光看看自己，因为这社会上永远充满变化，永远充满着各种奇迹。

人生最后不管今天多么地成功，刚才学会计的学生说的，你最后死的时候才能够看看你到底赢了还是亏了，所以我觉得我们刚刚开始起步。

这是马云在清华大学经济管理学院的一次毕业典礼上，对即将毕业的学子们做的演讲上所说的部分内容。从这些内容中，我们能够看到，马云在用自己的经历告诉大家一个道理：永远不要自满也不要自暴自弃，我们的人生总是刚刚开始，努力就有希望，不努力就只有失望。

在马云的谈话和演讲中，我们总能找到那种充满正能量的核心价值观，即永远不要放弃，永远充满希望。马云总是强调，今天很残酷，明天更残酷，但是在说出这些事实的同时，他一定会告诉大家，后天是美好的。他还要鼓励大家坚持下去，因为只有坚持到最后，才能看到成功的太阳冉冉升起。

从马云的讲话中，我们能够总结出这样的结论：前途是光明的，道路是曲折的。马云经常在传递这一正能量的理念，所以他的演讲总是能振奋人心、催人奋进。

对于这个竞争激烈的时代，马云这样说：

所以我想跟大家讲，所有的变革都是年轻人的时代。当然，麻烦也会更多，但今天我看到那么多人以后，我在想70%、80%成为阿里巴巴的员工就好了，我就不用那么担心了，真的。未来30年我想跟随大家，是你们会改变这个世界，是你们会把握这个机会。纠结、变革都是年轻人的机遇，也是这个时代的机遇。

不管你怎么看，我们经常说生意越来越难做，其实生意从来就没有好做的。年轻人纠结今天IT行业被阿里巴巴、腾讯、百度搞去了，我们刚出来也觉得机会给IBM、思科、微软拿走了，但是你要相信，30年以后的今天，中国企业一定比今天好，一定比明天大，30年后富人一定比今天多，30年以后的文化一定比今天丰富多彩，30年以后的年轻人一定超越我们，这就是世界的变化。我爷爷说我爸不如他，我爸说我不如他，我觉得我爸比我爷爷厉害，我比我爸厉害，你们会比我们厉害。

危机就是转机，马云让每个人都看到竞争中的机遇，拥有大浪淘沙中方显英雄本色的精神和气魄。他还告诉大家，在前30年他曾经坚持三样东西：理想主义、担当精神和乐观的正能量。

正是因为马云一直在向人们传递正能量，一直在激发人们对生活和工作的热爱，唤醒人们心中美好的向往，所以马云的话总是有让人激情迸发的力量。

第2章

真情实感的话语最打动人心

华丽的语言通过辞藻堆砌而成，可能开始让人听了感觉“高大上”，但细细思索和品味，就又觉得空洞无物。而即便是最普通的话语，如果蕴含了真情实感，也能打动人心，让人久久不忘，甚至铭记一生。

说话要发自内心，对方才能听到动心

要想让别人听到我们的话以后真正动心，我们首先就要做到说话“走心”，要说那些发自内心的话，不要说那些假大空的内容。

当我们的话是发自内心的，我们的话也就饱含着感情，而且是非常真实的，不会让人产生虚假的感觉，别人也就会深信不疑。现在有些人喜欢在和别人说话时吹牛，总是把话说得脱离实际，并且说得越大越不嫌大。似乎只有这样，才能显示出自己很厉害。但是，这样做的结果往往是被别人看穿，被事实“打脸”。

虚假的话再显得“高大上”，终究也还是虚假的，总是会被别人拆穿。如果不想被拆穿、被“打脸”，我们就要在说话时只说发自内心的感受。

马云在谈到说话的技巧时这样说：“傻瓜用嘴讲话，聪明的人用脑袋讲话，智慧的人用心讲话。”正是因为懂得用心讲话，所以马云在讲话时根本不需要准备稿子，只要把内心真实的想法表达出来就行了。大家不但不会觉得他说得不好，反而会被他发自内心的话语感动。

发自内心的东西，总是能够赢得别人的共鸣。当我们说出的话是发自内心时，对方才能听到动心。如果我们说话根本不经过大脑，只是捡着表面的、空泛的内容说一通，就完全无法打动别人。

马云说话的时候总是发自内心，所以他的话总是让人感到信服。比如当有些人觉得阿里巴巴是中国互联网公司中技术最差的公司时，马云这样说：

人们一直认为阿里巴巴的技术可能是中国互联网中最差的，百度李彦宏懂技术、马化腾学技术，只有马云什么都不学，好像认为马云很差。

其实正因为我不懂技术，我们公司技术才最好。

不懂技术，在于我们对技术的尊重，我们没法吵架。如果我很懂技术，我们公司的技术人就会很“悲摧”，我三天两头会告诉他们应该这样应该那样，正因为我不懂，我才会好奇并敬仰地看着他们说就应该这么做。

马云的话是发自内心的，这正是阿里巴巴情况的真实写照，没有经过任何加工，直接展现在人们面前。因此，人们对马云的这番话是感到信服的，并对马云这种尊重技术和人才的做法感到敬佩。

我们如果想要让自己的话打动别人，就要像马云学习，做一个说话发自内心，懂得抒发内心真实情感的人。用心去说话，我们才能把话说好。

自己的故事很平凡，却令人感同身受

在说话时，最能打动人心的是真情实感，而承载真情实感的一个重要载体，就是自己的故事。我们自己的故事也许很平凡，但它是我们亲身经历过的，是非常真实的。因此，我们所抒发出来的情感也就是真实的。这种情感就有了让人感同身受的力量。

别人的故事再好，也是别人的，总不如我们自己的亲身经历来得感触深。我们讲别人的故事，可能流于表面，让听者也觉得空泛，甚至觉得故事可能是假的。但是，当我们讲起自己的故事，即便这故事很小，我们也可能有很深的感触。有了很深的感触，我们讲出来的内容能够打动自己，同时也能打动别人。

马云在讲话时，特别善于讲自己的故事，即便是一个非常平凡的小故事，也能引起别人的共鸣，让别人感同身受。

马云讲自己当初在美国“触网”的故事。故事很平凡，甚至会让人感到有些尴尬，但却将创业初期那种青涩的感觉，以及那份赤诚的信念，完全展现在听众面前。听了马云的故事，人们都能产生共鸣，因为几乎每个人都曾经历过那样的艰难时期。

马云在西雅图一个朋友的带领下，到一家小公司去参观。当小伙子热情地告诉他，可以在计算机上搜索任何他想要看到的内容时，马云愣住了。他看着眼前的电脑，想着这不知道值多少钱，万一碰坏了，自己可赔不起。小伙子安慰他，告诉他这只是电脑，不是炸弹，碰一下不会有问题。

当马云终于鼓起勇气，用手指笨拙地在电脑上搜索内容时，却发现当时的互联网上居然没有中国的有关信息。马云感到非常失望，他发誓一定要让中国的内容出现在互联网上，让中国在互联网世界上扬名。

很简单的一个平凡的小故事，但每一个听者都感同身受。马云在这件小事中，表达出了自己的梦想和爱国情怀，同时也用艰难创业的事实，赢得了听者的共鸣。

在谈到创业时，马云这样讲述自己创业的故事：

在95年我偶然有一次机会到了美国，然后我发现了互联网，所以回来以后我叫了24个朋友到我家里，大家坐在一起，我说我准备从大学里辞职，要做一个互联网。两个小时以后大家投票表决，23个人反对，1个人支持，大家觉得这个东西肯定不靠谱：别去做那个，电脑你也不懂，而且根本不存在这么个网络。但是经过一个晚上的思考，第二天早上我决定，我还是辞职，去做，去实现我自己的梦想。那为什么是这样呢？我发现，今天我回过来想，我看见很多优秀的年轻人，是晚上想想千条路，早上起来走原路。晚上出门之前说，明天我将干这个事，第二天早上仍然走自己原路的路线。如果你不去采取行动，不给自己的梦想一个实践的机会，你永远没有机会。所以呢，我稀里糊涂地走上了创业之路，我把自己称作是一个盲人骑在一只瞎的老虎上面，所以根本不明白将来会怎么样。但是我坚信，我相信互联网将会对人类社会有很大的贡献，虽然当时95年不太有人相信互联网，也不觉得有这么个互联网会对人类有这么大的贡献。

马云创业的故事也很普通，和所有创业者一样，一开始都是不被看好的。但正是这样平凡的故事，却更显真实，能够引起创业者的共鸣，并打动他们。马云用自己的故事，将创业者最宝贵的品质完美诠释了出来，那就是坚持到底。

马云用自己一个个平凡而真实的故事，让自己的话语有了穿透人心的力量，产生了最强烈的真实感和代入感。正因如此，马云的讲话总是能够打动人心。

不同的见解要饱含真情，才更容易被接受

孔子曾经教育他的弟子们，向别人提出见解的方法是“忠告而善道之”，意思是，好话一定要好好说，饱含真情地去说。有些人以为自己是对别人好，是在纠正别人的错误，就对别人大呼小叫，甚至颐指气使。结果效果总是不那么令人满意，还可能和对方起冲突。

马云作为一个成功的企业家，他的眼光比常人更加长远，所以有不少时候，他的见解和别人是不同的。但是，马云在提出他的不同见解时，总是饱含真情，让人容易接受。而且，在很多时候，人们反而会为马云新奇的观点而拍手叫好，甚至忘记了他是否定了自己观点的“敌人”。

马云在一次对雅虎员工的演讲中，提出了一个非常新颖的见解，他认为这个世界是由懒人来支撑的。按理说，勤奋一直都是公认的好品质，结果马云却大讲“懒”。如果换了是别人，可能讲出来之后大家完全无法接受，但马云讲出来之后，却赢得了大家的认同。

在这次演讲中，马云饱含着真情，正是这份真情，让他的见解很快就被大家接受了。

马云在开头这样说：

> 今天是我第一次和雅虎的朋友们面对面交流。我希望把我成功的经验和大家分享，尽管我认为你们其中的绝大多数勤劳聪明的人都无法从中获益，但我坚信，一定有个别懒得去判断我讲的是否正确就效仿的人，可以获益匪浅。
>
> 让我们开启今天的话题吧！

一开场就是如此真实的话语，表明了他的目的完全是为了帮助大家，一下子就拉近了彼此之间的关系，让别人愿意听他讲话。

在演讲结束时，马云这样说：

> 回到我们的工作中，看看你公司里每天最早来最晚走，一天像发条一样忙个不停的人，他是不是工资最低的？那个每天游手好闲，没事就发呆的家伙，是不是工资最高，据说还有不少公司的股票呢！
>
> 我以上所举的例子，只是想说明一个问题，这个世界实际上是靠懒人来支撑的，世界如此精彩都是拜懒人所赐。现在你应该知道你不成功的主要原因了吧！
>
> 懒不是傻懒，如果你想少干，就要想出懒的方法，要懒出风格，懒出境界。像我从小就懒，连长肉都懒得长，这就是境界。

马云在演讲结尾，告诉大家要做一个有境界的“懒人”，并指出了工作中是“懒人”工资高，“懒人”对公司的作用大。他用情真意切的语言点出平时想不到的道理。所以大家很乐意接受他的见解，相信也有不少人会按照他所说的去做。

当我们向别人提出不同见解时，就应该像马云那样饱含真情，用真情实感去打动别人。那么，我们的见解就会更容易被别人所接受。

说话有真情，就算说错也会被原谅

谁都难免会有说错话的时候，不过，如果说话时有真情，就算是说错了也会被原谅。

说话虽然是在传递信息，但信息背后所蕴含的情感，有时候更被人们所看重。除了传递信息之外，说话更是传递情感的一种互动方式。因此，当话语中饱含真情，即便说错了什么，也没有人会揪住不放，因为说话的出发点是好的，属于好心，出于好心的话，人们都会给予更多的宽容。

马云几乎每次讲话都充满了真情，所以虽然有时候他会讲一些听起来很离谱的“大话”，甚至是说错了一些内容，记错了某件事，但听众还是会听得津津有味。正是因为马云的话语中充满了真情，所以那些错误就显得微不足道了。

既然马云不用演讲稿，说话出错也就在所难免。但是，在马云的演讲中，从头到尾都充满着真情。这种真情就像是一种无形的力量，将听众带到了一个激动人心的场景中。人们会忽略他言语间出现的小错误，只被他言语间的真情引导。说话有真情，人们就会关注话语中的真情，不会对细节上的一些小错误过分关心，甚至觉察不到。

马云经常在大学演讲，几乎每到一个大学，他都会讲自己当年好几次都考不上大学的经历，并且说某某学校是他当年想考的学校，可惜考不上。而这个某某学校，一定是他正在做演讲的那所大学。他每到一所大学都这么说，难道他当年想考这么多大学吗？肯定不是。但是他所表达的那份真情是真的，他很喜欢这些大学，也羡慕那些有能力考上这些大学的学生。

正是因为马云讲话总是真情流露，所以他的演讲总是有强大的吸引力和激励人心的力量。下面来看马云的一段充满真情的演讲：

公司到现在这个状态，我觉得每个人都有功劳，但是功劳都是过去的。这个公司离我们心目中真正的成功还太遥远。如果按照一个民营企业，按照一个土老板的想法，我们这些人，绝大多数人都不用干了，别干了，累死了，换个工作，搞得轻松一点，这一辈子就行了。这样我们很有可能像80年代、70年代的万元户，特有钱，当时女孩子看到万元户都愿意嫁，家里养鱼养猪的，大户人家。那些万元户后来没有一个起来的，乡镇企业发展非常之快，但今天不倒的就鲁冠球。

我们反思这么一个问题，我们特别不希望阿里巴巴老的员工、老的干部就像当年的万元户，我特别不希望我们这些人熬了五年八年，一会儿就没了。这些钱现在来看不少，未来看不算什么，我们公司还在布局之中。

我们要做102年，这不是一个口号。我每天都在想，北京也好，全世界也好，人家的百年公司最重要的基因是什么？

马云的讲话中充满了真情，他的真情感染了每一个人，这就是他讲话的魅力所在。我们都应该向马云学习，把我们的话变成传递真情的工具，而不是仅仅只传递信息。

解读对方的心理，赢得对方的心

在说话时，如果我们能把话说到对方的心里去，我们就能引起对方的共鸣，赢得对方的心。因此，解读对方的心理，是一件非常重要的事，也是把话说好的一个有效方法。

会说话的人，往往都特别善于解读别人的心理，总是能把话说到点子上，说到别人心里去。因此，会说话的人，一句话可能顶别人说的十句话。

创立了标准石油公司的洛克菲勒，是一个特别善于讲话的人，总是能把话说到别人的心里去。

有一回，洛克菲勒手下一个非常重要的炼油厂出了问题，工人们都罢工了。这种事情绝对不能持续下去，否则会带来非常巨大的经济损失。厂长和总公司的高级职员立即开始和工人们展开谈判，但是谈了半天，都没能解决问题。

于是，洛克菲勒出马了。他先了解了工人们的家庭情况，对工人们的要求也进行了调查。然后，在和工人代表谈判时，洛克菲勒没有多说，他一上来就保证："大家的要求只要合理，我全都满足，如果大家不满意，可以继续提，直到大家满意为止！"工人们的心一下子被打动了，纷纷说出最迫切的要求。洛克菲勒很快解决了他们的要求，罢工就此结束。

把话说到别人心里，便能起到非常好的效果。洛克菲勒知道工人们最担心的就是他们的要求无法解决，直接告诉工人答应他们的要求，所以一下子就打动了工人们的心，把罢工的问题顺利解决了。

会说话的人，一般都是这种善于解读别人的心理，总是把话说到点子上，用两三句话就能打动别人的人。马云和洛克菲勒一样，也是一个特别善于把话说到别人心里去的人。

在表示阿里巴巴的使命就是助力中小企业的发展时，马云曾经在演讲中这样说：

心里感触非常之多，本来有一个很大的题目要讲，但我今天只讲这两天的感想。我觉得很多人知道阿里巴巴，说我花了6分钟说服了孙正义，融到了钱。但很少人知道，在这6分钟之前，我们到美国硅谷去，带着阿里CFO蔡崇信，我们到了旧金山，七天以内见了四十几个风险投资者，所有人都说"NO"，甚至说这是最愚蠢的商业计划。昨天晚上餐桌上还交流这个话题，没有一个人给我们风险投资，有的人说很好但没了下文，有的人会说"你想清楚再来"；到硅谷的最后一天是礼拜六，看到硅谷的夜晚灯光通明，十一点了，整个硅谷到旧金山的路上车水马龙，我们看到那里的周末都在忙碌的员工，我们看到了美国梦想。所以我们回来的时候没有拿到钱，但我们带回来：什么是梦想，什么是激情。我们相信十年以后的中国，我们可以把中国的很多地方变成硅谷，这就是我们带回来的梦想。

每一个中小企业都有做大做强的梦想，这是一个美丽的梦想，也是大家共同的梦想。马云把阿里巴巴最初的梦想说出来，一下子就说到了很多中小企业者的心里去。因此，马云的演讲顿时让所有听众都充满了激情。

要想让我们的话和听众产生共鸣，让听众始终被我们的话所吸引，时刻抓住听众的心，我们就必须去解读对方的心理。知道了对方想的是什么，我们才能说到对方最关心的点子上，这样，我们的话自然就会对他们产生强大的吸引力，我们的话也就能引起他们的共鸣了。

普通的话语如有真情实感，也能震撼人心

在生活和工作当中，平淡的往往才是最真实的，而普通的话语中如果蕴含着真情实感，往往是最能打动人心，带给人震撼的。我们在说话时，不应该让人有好高骛远的感觉，要让人们觉得我们很朴实，说的都是实实在在的话。一旦我们学会了用普通的话语表达真情实感，我们的话就能起到“于无声处听惊雷”的效果。

马云在说话时，总是说一些非常普通的话语。但因为他在这些话语中融入了真情实感，所以还是能够起到震撼人心的作用。甚至正因为他用普通的话语来表达真情实感，反而比用华丽的语言来表达显得更加真实，效果更好。

马云为了在莫斯科大学招聘到员工，在莫斯科大学进行了一次演讲，他说：

当我年轻时，当我在高中、大学时，我认为是比尔·盖茨拿走了我的工作，比尔·盖茨干了所有成功的事！

我想，如果你成功了，所有的错误都将变为传奇；如果你失败了，那就仅仅是垃圾。

每个人都有伟大的故事，每个人都犯了很多错，每个人都会有很多问题，但是只有很少的人，会听你解释。

当你有一天成功了，人们听到这事，反而会表示：“你太厉害了！”

我不伟大。我从来没有想过，自己能有今天。在18年后，阿里巴巴能有今天的规模，不是因为我聪明，我不认为自己是聪明人。

如果想要成功，我们会犯很多错误，并从不放弃。许多人犯了错，出了问题就放弃。可我们从不放弃，我们从错误中学习。

你想判断一个人会不会成功，当他失败时，看他觉得是自己的错还是其他原因。

如果他面对失败就想“甩锅”，这娃就没戏！

有些人失败后，总是会想：“这是我的‘锅’”“我没做正确的事”“我应该这么改，应该那么改”……这样的人才会有机会成功。

今天很残酷，明天更残酷，后天很美好，大部分人“死”在明天晚上。

马云的话非常普通，他没有说什么特别的成功技巧，只是告诉大家，遇到错误和失败时，从自己身上找原因，并且不要放弃，仅此而已。这是很多人都知道的道理，但是，马云以自己的亲身经历，站在每一个正在努力拼搏的人的立场上，饱含真情地说出来，效果就不一样了，就能让人感到心潮澎湃。马云在一群年轻人面前这样说，毫无疑问，将激励很多人向着梦想努力奋斗，也会吸引到一批有志气的青年来到他的麾下。

很多时候，越是普通的话语，其中所蕴含的道理越真。道理往往看起来就是普普通通的，它之所以难以做到，关键不是它多么难懂，而是人们能不能改变自己的行为，去按照道理所讲的来做。道理本身并不复杂，所以，那些用华丽的语言和华美的辞藻所包装的内容，往往显得空洞，而用普通的话语讲出来的道理，更显真实。

马云经常用最普通的话语，表达出真情实感，产生震撼人心的力量。正是因为他懂得用普通的话语来讲述，所以他的话总是能雅俗共赏，让所有人都能听懂。也正是因为他的话朴实无华，所以才能产生巨大的反差效果，用最普通的语句，达到振聋发聩的巨大效果，深深打动人心。

第3章

精简的表达最有吸引力

精简的表达是最有力度的表达，也是最有吸引力的表达。没有谁会对长篇大论感兴趣，但人们一定能记住那些精炼有力的话语。当我们的表达更加精简，我们的话才会被别人喜欢，才会被别人记住。

讲话越精简越能吸引人

人们对于长篇大论通常都会产生一种抵触的心理，这就是为什么在开会时如果领导说了很多话，底下的人会失去听的兴趣。正因如此，会讲话的人总是尽可能把自己所要表达的内容十分精炼地表达出来，因为他们知道，讲话越精简，才越能吸引人。

丘吉尔是一个演讲高手，他深知讲话精简的道理。因此，他在一次演讲中，只说了一句话："坚持到底，永不放弃。"虽然丘吉尔在演讲中只说了这么一句话，但演讲的效果却非常好，现场所有的人都备受鼓舞。丘吉尔的这句话，激励了所有的人，让整个英国都为之热血沸腾。

在上海各界公祭鲁迅先生的大会上，邹韬奋先生说："今天天色不早，我愿用一句话来纪念先生：许多人是不战而屈，鲁迅先生是战而不屈。"演讲只有一句话，却具有强大的吸引力，让人感动，也让人铭记在心难以忘怀。

最精简的表达，往往最具有强大的吸引力，它短促有力，比冗长的句子更能激荡人心。在讲话时，尽量把我们要说的内容压缩到最少，用精简的语言来表达我们的意思，这样才能让我们的话更有吸引力。

马云在讲话精简这方面做得非常好，他很善于用极为简单的话语，表达出丰富的内涵。他的话不但能够引起人们的兴趣，还能引发人们的思考，让人回味无穷。

马云经常用“一二三”来总结问题，既简单，又清楚明白。比如他这样说：

我为什么能活下来？第一是由于我没有钱，第二是我对互联网一点都不懂，第三是我想得像傻瓜一样。

阿里巴巴之所以能发展到今天，因为我们坚持客户第一，员工第二，股东第三的准则。

当你决定创业时，便意味着：一是，没有了稳定的收入；二是，没有了请假的权利；三是，没有了得红包的机会。然而更意味着：一是，收入不再受限制；二是，时间运用更有效；三是，手心向下不求人。想法不同，结果便不同；选择不一样，生活才变样。

用这种“一二三”的方式来讲话，总是能给人一种很精简的感觉，让人听得清楚明白。因此，马云的话从来不会让人感到厌烦，听他讲话的人，很少有人昏昏欲睡。

除了用“一二三”来让自己的话变得精简之外，马云还非常善于用比喻来讲道理。这样一来，别人就容易明白得多，他的话也就不用说太多了。

比如马云这样说：

发令枪一响，你没有时间看对手是怎么跑的。

鸡叫了天会亮，鸡不叫天还是会亮的，天亮不亮鸡说了不算。问题是天亮了，谁醒了？

一定要在阳光灿烂的时候去修屋顶，不要等到雨已经下得很大了才去修屋顶，否则麻烦就大了。

你必须跑得像兔子一样快，又要像乌龟一样耐跑。

听说过捕龙虾致富的，没听说过捕鲸致富的。

马云的这些话，非常精简，而且让人一听就能明白，胜过讲千言万语，这就是比喻的力量。我们应该像马云一样，学会在讲话时多用比喻，这样我们的话就会变得精简起来，也会更有吸引人的魅力。

告别长篇大论，用精简的语言来表达心中的想法，就能成为讲话的高手。

移动互联网时代，讲话也要有极致精神

说话的极致精神，就是要有把话说到极致，有“语不惊人死不休”的劲头。这是一个飞速发展的时代，人们每天都在接受无数的信息，如果不能像做新闻标题那样，把自己的话打造成有吸引力的内容，就很难引起别人的注意。用极致的话语来引起别人的兴趣，然后就可以展开来说，进而说服别人。

马云在讲话时，对这种极致的精神有非常独到的见解，也运用到了他的讲话过程中。他运用极致的语言来吊起大家的胃口，引起大家的兴趣。

马云对即将进入阿里巴巴的员工这样说：

阿里巴巴公司不承诺任何人加入阿里巴巴会升官发财，因为升官发财、股票这些东西都是你自己努力的结果。但是我会承诺你在我们公司一定会很倒霉，很冤枉，干得很好领导还是不喜欢你，这些东西我都能承诺。但是你经历这些后出去一定满怀信心，可以自己创业，可以在任何一家公司做得好，因为你会想：“我在阿里巴巴都待过，还怕你这样的公司？”

马云的这些话简直是太绝了，员工来到了阿里巴巴之后，似乎就是进入了“炼狱”一般。但正是这样极致的话语，一下子就能引起听者的兴趣。然后马云再解释，经历过这种炼狱般的磨炼之后，员工就会发生改变，能力会得到大幅度提升，继而拥有了吃苦耐劳的精神和“创造天堂的力量”。

马云讲话的极致还体现在他很擅长否定一些常规的见解，提出自己新颖的观点：

一次，马云在香港开会时，被记者问道：“现在你们公司资金这么少，如果竞争对手‘起来’，怎么才能保证公司活下去？你对‘一山难容二虎’怎么看？”马云不慌不忙地回答说：“主要看性别。”记者感到有些不解。马云继续说：“我从来不认为‘一山难容二虎’正确。如果一座山上有一只公老虎和一只母老虎，那样就是和谐的。”

马云在一次公司年会上，用粉笔在黑板上写着算式，一加一等于二，一加二等于三………当他写到九加一等于九时，台下一阵哄笑。

马云笑了笑，说道：“你们只看到我的一处错误，却忽视了我百分之九十的正确率。”

对于人们的惯性思维，到了马云这里就被否定了，这看起来好像是太主观臆断了。但正是这样的极致观点，能一下子引起别人的兴趣。等马云把自己的观点说出来之后，人们就会产生新的思考，无论是激发别人听自己讲话的效果，还是互动效果，都非常不错。

像马云这样，提出一个极致的、不可思议的观点，从而引起人们的兴趣，再用自己的一套论点来引发人们的思考，达到交流互动的目的，这就是非常好的极致精神的运用。正因为用这样的话语引发了人们的深层思考，所以马云不用多说什么，大家自己就会想到很多内容。因此，马云的话说得很简单，却表达出了海量的信息。

一个故事胜过千言万语

一般人并不太喜欢被别人教育，如果我们对别人讲大道理，他们可能会觉得“道理谁不知道，你这是站着说话不腰疼”。可是，故事却人人都爱听，而且从故事里传达的道理，一点都不比单纯讲道理少。

善于讲话的人，往往都是很会利用故事来讲道理的。他们都明白，一个恰当的故事能让表达变得更加精简，甚至有时候，一个故事能胜过千言万语。

一个年轻人分手了，心里却总是放不下前任。于是，年轻人找到一个大师，说出了心中的苦闷。大师让他手拿一个杯子，然后开始往杯子里倒开水。年轻人觉得很烫，于是赶紧放手了。大师告诉他说：“疼了，自然就会放开了。”

一个简单的小故事，却说出了一个平时我们想不到的道理。如果直接把这个道理说出来，就平淡无奇，我们可能还会觉得有点不以为然。但是以小故事的方法说出来，我们就会觉得很有道理，而且记忆深刻。

一个国王有三个儿子，他准备选择一个儿子做继承人。于是，国王写了三封信，让三个王子送往一个大臣那里。为了考验三个王子，国王在他们的必经之路上放了一块大石头，把路堵得死死的。

最终，三个儿子都把信送到了大臣手里，但大儿子和二儿子送信的速度都不如小儿子快。

国王问大儿子是怎么通过障碍的，大儿子的回答是从石头旁边的山上爬了过去。国王问二儿子，二儿子表示是划船过去的。问到小儿子时，小儿子回答说他把石头推到了一边，从大路走过去的。

国王夸奖了小儿子，并把皇位传给了他。原来，那块石头是假的，虽然看起来很大，其实却很轻。

这个故事告诉我们，面对困难不要害怕，试着去战胜它，说不定就会有机会。如果连试都不试就放弃了，那就不可能成功。如果直接把道理说出来，就显得很平淡，而通过故事的形式表达出来，就令人记忆深刻。

马云在讲话时，也经常利用小故事来讲大道理，所以马云的话总是很容易被人接受和记住。

比如在介绍阿里巴巴能给人们带来什么好处时，如果是一般人，可能会把阿里巴巴的功能介绍一通，听得人晕头转向，最后什么都没记住。而马云这样做：

我每次出去吃饭都不用自己付账。有一次我在餐馆吃饭，结账的时候发现账单已经付过了。服务生指了远处的一个人：“他已经帮你结账了。”他还给了我一张结账者留的字条，上面写着：“非常感谢阿里巴巴，我凭借这个平台赚了很多钱，但我知道你没赚什么钱，所以这顿饭还是我请吧！”还有一次，我在一个咖啡馆，有陌生人送给我一支雪茄，附上了字条：“谢谢你，因为你的公司，我赚了很多钱。”另外一次，我在入住酒店时，碰到的一个门童也对我表示感谢，他说：“我的女朋友在阿里巴巴的平台上赚了很多钱。”

马云用他的故事，把阿里巴巴给人们带来的好处直接呈现在听者面前，不但讲述得清清楚楚，还让听者印象深刻。所有听到他故事的人，都能明白一个道理：阿里巴巴能帮助大家赚钱！

马云讲过的故事太多了，正是这些故事，让人们对他和阿里巴巴有了更深的了解。

学会用故事来表达我们的观点，我们的表达能力就会变得更强。一定要记住，很多时候，一个故事能胜过千言万语。

用一句话抓住核心要点

想要让表达变得精简，就应该抓住问题的核心，用一句话将它表述出来。如果我们说了很多话，却没有一句话戳在核心要点上，别人听后会感觉云里雾里，不知道我们表达的重点是什么。当我们用一句话抓住核心要点时，我们的表达会精简而清晰，别人一下子就明白了我们想表达的是什么。

马云在讲话时，总是能提炼出核心要点，用一句话把核心要点概括出来，然后所有的内容都围绕这个核心要点来展开。因此，马云的话听起来总是重点突出，让人听得非常舒服。比如在谈到当今时代的资源时，马云认为数据是当今时代最核心的资源。然后，他的所有讲话内容都围绕“数据是当今时代最核心的资源”这一点展开。

这次技术革命，是IT时代走向DT时代，是大脑的释放。我们正在进入一个新的能源的时代，这个时代的核心能源已经不是石油，而是数据。中国是计算机的大国，但不是计算的大国。但未来，中国一定会成为计算的大国，因为数据是一种生产资料，而未来的生产力是计算能力和创业者的创新能力及企业家精神。

在未来，数据会成为像水、电、石油一样的公共资源。人类在拥有石油这样的新能源之前，没有想过自己会登上月球。我相信，有了计算能力和数据后，人类会发生天翻地覆的变化，将会从“由外看”变为“由内看”。我们对人类内心世界的了解还很浅薄，而数据将会对我们了解人类自身提供巨大帮助。

如果IT时代诞生的是制造，那么DT时代诞生的是创造；IT时代诞生的是知识，DT时代人类将迈入智慧时代。我想DT时代强大的计算能力将成为人类的大脑。

在第三次技术革命，人类将会向贫穷、疾病和环境恶化宣战，而人类所拥有的最大武器是计算机和云的能力。当最贫穷的角落有计算机与世界相连的时候，我相信人类战胜贫穷的可能性将会大大增加。

虽然马云在演讲时是不用演讲稿的，但他不可能不知道自己要讲的核心要点是什么。正是因为他知道了自己要讲的核心要点，抓住了讲话内容的本质，所以他才能在讲话时挥洒自如。

那些雄辩滔滔的演说家，可以在台上口若悬河，是因为他们早就知道了自己要讲的核心要点是什么，所以心中有数、胸有成竹。知道了核心要点之后，即便他们没有事先准备演讲稿，他们也能让所有的内容围绕着核心要点展开，让自己的演讲“形散而神不散”。

我们要想把话说好，首先就要学会用一句话抓住我们要讲的核心要点，精简地将我们所要讲的内容概述出来。这就等于是房屋有了柱石，大树有了枝干。这样一来，我们所讲的内容就容易被别人理解了。然后我们再给内容添砖加瓦，我们的话语就会变得丰满起来，能把问题讲述得更加透彻。

给你几分钟，你要能说清楚

我们处在一个生活和工作节奏都非常快的移动互联网时代，每天都非常忙碌。现代人的时间越来越宝贵，很多时候，人们没有时间听长篇大论。如果不能在短时间内把想说的内容表达清楚，就不能算一个真正会说话的人。真正会说话的人，一定要有简明扼要地表达的能力。测试这种能力的方法很简单：给你几分钟，你要能说清楚。

马云非常会说话，表达能力特别强。他的表达能力强，体现之一就是他的概括能力很强，能够在很短的时间里，把想要表达的主要内容概括出来。而且，他能用最少的话，表达出最丰富的意思，让人回味无穷。马云的很多金句在网上流传，原因就是这些句子言简意赅，表达出的意思又很深刻。

马云说："互联网像一杯啤酒，有沫的时候最好喝。"

当不少人觉得互联网经济是泡沫经济，不值得去开发时，如果要跟他们解释清楚，告诉他们互联网经济的好处，可能要费很大的口舌，说上几页纸的内容都不一定能说完。而马云用一句话，就将对待互联网经济的正确态度说明白了。啤酒有泡沫的时候最好喝，互联网经济也是一样，虽然有泡沫，但这正是互联网企业发展的好时候！

马云说："一个好的东西往往是说不清楚的，说得清楚的往往不是好东西。"

真正优秀的人，一定有独到的眼光和长远的眼光。他们独具慧眼，看到了一般人看不到的内容，所以知道一个好东西是好东西，知道一个好点子是好点子，也知道一个领域是充满希望的领域。但是，真要让他们解释出来，他们可能自己也解释不清楚。这是事实，但通常人们却不能接受，会发出疑问，认为你自己都说不清楚，你怎么能认为就是好的呢？马云用简单的话语，将好东西一般都很难说清楚这个道理讲了出来。他的话虽然短，但是却引人深思，有很深刻的内涵。

正是这种在短时间内表达的能力，让马云的说话水平变得非常高。我们要想成为一个会说话的人，也要拥有这种在几分钟的时间里，用几句简单的话表达出丰富内容的表达能力。

在向外国人展示我们的电影《梁山伯与祝英台》时，为了让外国人了解剧情，相关人员设置了长达几页的介绍内容。周总理看过之后觉得这样表达太啰嗦了，没人会花时间去看这么多内容，必须要在短时间内让人明白。于是，周总理把剧情的介绍变成了一句话："请欣赏中国的罗密欧与朱丽叶——《梁山伯与祝英台》。"短短一句话，根本不需要几分钟，只需要几秒钟的时间，就能够把剧情向外国人表示清楚了。

虽然上面的例子是文字的表达，不是语言，但和语言表达是一样的道理。这是周总理在短时间内把话说清楚的能力，通过文字体现了出来。

在几分钟的时间里，能把想说的话说清楚，已经不简单了。而有的人，甚至能在短短60秒的时间里把话说清楚，比如罗振宇。

罗振宇有一个60秒语音的创意，每天发60秒的语音，分享自己的生活感悟。在短短60秒的时间里，他能够把想表达的内容说清楚，表达能力非常强。

最近和朋友谈到自省这个话题，通常我们都是把自省理解成自我批评，其实不然。这个词的含义要比自我批评宽广得多。自省能力是一种以自己为标准来衡量外在世界的能力，有这种能力的人，就有可能超越外在世界强加给自己的种种负面情绪。比方说，在职场中的生存策略说到底有两种：一种是努力完成老板的指令，以便得到组织的认可；还有一种，就是利用组织提供的机会，完成自身的成长。我通常是主张后一种策略的，因为前一种策略会有成功和失败之分。后一种，则只有收获大小的问题了。可能你会说，这样也太自私了吧！其实，你不妨找几个老板打听打听，他们到底是喜欢听话的员工，还是喜欢那种能够主动推动自己专业能力成长的员工。

以上是罗振宇一个60秒语音的内容。可以看出，他把问题分析得非常透彻，说得特别到位。在短短60秒的时间里，就表达得非常清楚了。

不管是马云还是别人，几乎所有会说话的人，都有在几分钟里把自己想说的问题表达清楚的能力。我们要想成为一个说话的高手，首先就要提高自己的表达能力。当我们也能在几分钟的时间里把一个问题说清楚时，我们的说话水平就达到一个全新的境界了。

别人的提问正是最好的突破口

不会讲话的人往往害怕别人的提问，一方面别人的提问可能会打断他的思路，另一方面别人的提问他可能回答不上来，造成尴尬。但是，对一个会讲话的人来说，别人的提问是很好的突破口。因为别人提问的地方，正是他们所迷惑的点，从这些点入手向他们解释，就会简单得多，我们所需要说的话也就更少了，我们的话也就精简起来。

一个对问题真正理解透彻的人，是不会害怕别人提问的，因为没有什么提问能够难倒他。当他已经形成了一套完整的理论体系，他就几乎可以回答一切问题。

孟子是一个善于雄辩的人，在孟子回答别人的问题时，无论别人提出什么问题，他都能一一解答。他不但不会畏惧别人的问题，还会以这些问题为突破口，向别人传达自己的观点和看法，让别人理解自己的思想。

马云从创业到成功，已经在商界摸爬滚打多年，再加上他的足迹遍布世

界各地，见多识广，眼界也十分开阔，并且形成了一套自己独特的世界观和理论体系。因此，马云对于别人的提问，也是应答自如。

马云在一次接受采访时，被记者问到一个很难回答的问题：“你一直在歌颂小公司，但阿里巴巴是个大公司，你觉得这不矛盾吗？”

这个问题看起来是很难回答的，这个记者像是在刻意刁难他一样。然而，这确实是个事实，马云如果不回答这个问题，就是在逃避。这个问题可能会难倒很多人，但却没有难倒马云。

马云的回答是这样的：

歌颂小公司，因为这是我的理想。今天阿里是个相对而言比较大的公司，这是我们的现实。我的理想是相信小公司。事实上，我们自己对自己的拆解比谁都快。淘宝我把它拆成了四家公司，很快，又有几家公司要拆。我们已经拆出十家公司了，而且，我们也不算是集团式的管理，我们现在的管理更像一个组织。我们更像是一个生态系统，这个生态上面养出各种各样的小鸟、小兔、小猫、小狗，我们希望这个社会环境出现这种状况。大和小，怎么说呢？我们歌颂公园里各种动物，但是这个公园如果很小是不行的。我们今天是个生态系统，不是一家大公司。阿里建设的是一个生态系统，是一个真正的ecosystem（生态系统）。

今天早上如果你参加，我们的会议就是对这个组织的思考。我说接下来我们可能有20家公司、30家公司，我们这些不叫公司，是30个产业群，没有谁跟谁report（报告）。但是有了这个群以后，边上会有无数个小公司长出来。因为有这棵树，长了很多松果。有了很多松果会来很多松鼠，形成了这样一个体系。如果你把自己定义为纯粹获取利益的机构，you die（你就“死”了）。所以，我并不觉得是矛盾的。我一直这么讲，也一直这么坚信，假设我今天重新开始创业，我再也不肯干这么大的公司了。我今天早上醒过来之后，我5点多就醒了，我是真正在想这些事情：要不要再继续干下去？干下去，马上越来越大，这已经不是我们的能力所能控制的。假设今天重新再干过，我愿意怎么干？

我愿意在淘宝上干一个小公司，有滋有味，雇十几个人，踏踏实实，这是我觉得我人生最大的快乐和理想。

记者的提问本来是想将马云一军，但马云却没有慌乱。他以记者的提问为突破口，把阿里巴巴做生态系统的理念讲了出来，不但没有因为这样的提问而出现尴尬的局面，反而借着这个机会让人更加明白阿里巴巴的这套体系。

马云的脑子无疑是非常好用的，所以他能迅速组织好语言，回答各种问题。马云之所以能将别人的提问利用起来，将提问变成传播自己思想的契机，还是因为他有把提问当成突破口的意识。

我们应该向马云学习，把别人的提问当成突破口。那样，我们就能把话说得更精准，同时也更精简。

第4章

做个风趣的“段子手”

段子总是能够引起人们的兴趣，一个风趣幽默的“段子手”，往往会受到人们的欢迎。马云是一个非常优秀的“段子手”，在他的讲话中，段子总是层出不穷，不断勾起听者的兴趣。做个风趣的“段子手”，我们也能让自己的话趣味十足。

人人都爱听段子

想一想，如果我们跟两个人谈话，一个人说的内容波澜不惊、平铺直述，就像是白开水一样。另一个人则在说话时，经常加入一些风趣幽默的段子，时不时就能让我们会心一笑，甚至是开怀大笑。那么，我们更愿意和哪一个人交谈呢？相信一定会是后者。

马云在说话时，通常都是风趣幽默的。他会在说话时，注意穿插一些幽默的段子，让人们在听他讲话时，一点都不会觉得枯燥乏味。

在被人问到多次被学校拒绝，这对他的人生有没有造成什么影响时，一般人可能会觉得这个问题非常尴尬，不知道该如何去回答。但马云却用一个幽默的段子，说得大家都笑了起来。

马云说：“有啊，我习惯了被拒绝，我也明白自己没有那么好。我复读了3年，参加过30多次面试，都以失败告终。我参加警察的招聘，5

个人里录了4个，我是唯一被拒绝的。甚至后来参加肯德基服务员的面试，24个人面试，录了23个人，我又是唯一一个被拒绝的。我向哈佛大学递交过10次入学申请，每次都毫无例外地被拒绝。”

被拒绝的次数多了，没有产生强烈的挫败感，而是习惯了被拒绝，这是一个非常幽默的段子。就像一次吃饭时，马云被餐厅老板询问明年危机会不会过去，马云告诉他说大概明年下半年就可以了。那人感到非常高兴，觉得苦日子很快就能到头了。然而马云继续说：到时候你就会适应了。

虽然马云的话表明了危机不会那么快就过去，但这种幽默的段子，却能让人发笑。即便是在痛苦当中，也能因为他的这个段子笑出声来。苦中作乐，其实就是最乐观的生活态度，而讲段子，也像是生活中开出的花朵，是话语中的闪光点。

有一次，马云被一个学生提问，说到了他曾经说过“男人的长相和智慧成反比”这句话，马云回答说：“当今IT界除了李开复先生，还有谁长得很好看吗？”顿时，马云的话引发了一片笑声。然后马云继续说：“我当时说男人的长相往往和智慧成反比，是说如果上帝给了不好的相貌，就要将自己培养得更有魅力、更加聪明。李开复先生确实长得很帅，不过我确实要说IT界丑陋的人要比好看的人多。成功人士都有不一样的成长背景、学术水平。比如我非常欣赏李先生的严谨治学和温文尔雅。如果以他为标准，我恐怕连100分里面的10分都拿不到，但是如果拿我的标准来衡量他的话，恐怕他也就10分了。”

我们应该意识到人人都爱听段子，在我们的话语中多引入一些段子，不要让我们的讲话平淡如水。这样，别人才能对我们所说的事物充满兴趣，一直兴致高涨地听下去。

有段子的对话让人记忆深刻

段子往往是讲话中的闪光点，能够让人感到快乐，并能引起人们的注意。有段子的对话，往往都容易让人记忆深刻，而没有段子的对话，人们可能听过以后就忘了。

马云在讲话时，总是会在一些关键点讲一些段子，让人们一下子就把他所表达的内容深深印在脑海里。

马云在谈到阿里巴巴裁员时，说了一个段子。他说阿里巴巴的管理层是非常强大的，但是阿里巴巴的规模还不行。他说这就相当于是一架波音747飞机的引擎装到了拖拉机上，拖拉机没有飞起来，最后还散架了。

马云的这个波音747飞机的引擎装到拖拉机上，就是一个非常好笑的段子，但同时也真实反映出了阿里巴巴那时候的情况。这个段子一下子就让听者理解了他所说的是什么意思，并且记忆非常深刻。只要提到这个段子，就能想起阿里巴巴来。

在谈到钱的话题时，马云的话更是让人记忆深刻了。他的那个“我对钱没兴趣”的表情包至今依旧在网上流传着。马云对钱的态度是和普通人有些区别的，因为他不缺钱，所以他对钱的言论，到了普通人耳中就像是段子一样。

每个人的事业做得多大是你的担当有多大，我们现在担当了6万人已经是晕头转向了，走到今天如履薄冰，每天紧张。钱不能给我们带来快乐，好产品带来快乐也没有，但是发现因为我们，很多人的生活发生变化了。我觉得只能找到这种快乐来让自己更快乐。这也是命，没办法。

你做的事情越多，担当越多，麻烦越多。同时，你获得的快乐感那是要进阶去获得，而不是普通的快乐感。如果是普通的快乐感，一个月能挣100万我很高兴。

钱在100万的时候是你的钱，超过一两千万，麻烦就来了，你要考虑增值，是买股票好呢，买债券好呢，还是买房地产好；超过一两个亿的时候，麻烦就大了；超过十个亿，这是社会对你的信任，人家让你帮他管钱而已，你千万不要以为这是你的钱。其实中国最幸福的人是一个月有两三万、三四万块钱，有个小房子、有个车、有个好家庭，没有比这个更幸福了，那是幸福生活。

马云的这些话，对他来说可能真的是心声，但到了听众这里，就变成了段子一样的存在。不过，也正因如此，他的这些话让很多人都记忆深刻。

用大家熟悉的段子拉近距离

用大家熟悉的段子来拉近和听众的距离，是很多会说话的人都在用的方法。当说出一些大家都熟悉的段子时，听众心领神会，大家会心一笑，距离感就消除了，彼此就亲近了起来。

马云在讲话的时候，会在自己的话中用上很多大家比较熟悉的段子。这样一来，人们既明白了他想表达的意思，又听得非常轻松。

因为马云太会说话了，所以有不少人调侃他，说他“满嘴跑火车”，像是个“骗子”；也有人觉得马云的各种想法太异想天开，是个“疯子”；还有人觉得马云做事太执着了，像是个“傻子”。马云在讲话时，经常用这些段子讲述自己创业的各种艰辛。这些段子一说出来，顿时让人们有一种感同身受的感觉。人们会觉得马云的经历，和所有创业人的经历都很相似，距离一下子就近了。

被看作骗子的时候也是有的，我们刚好可能是中国最早做互联网的。1995年，中国还没有连通互联网时，我们已经开始成立一家公司在做了，人家觉得你在讲述一个不存在的东西。而且我学的不是计算机专业，我对电脑几乎是不懂的。所以一个不懂电脑的人告诉别人，有着这么一个神秘的网络，那简直是我也说疯了，他们也听晕了。最后有些人认为我是个骗子。我记得第一次上中央电视台是1995年，有一个编导跟一个记者说，这个人看上去就不像是一个好人！

那时候我在拼命地推广互联网，在最疯狂的时候，大家开始“烧钱”。别人一定认为：做电子商务的人只会“烧钱”，不会干事。所以那时候我被当作疯子。

现在是傻子。这两年你看我们非常执着，我们在做这个公司的时候，是不在乎别人怎么看的。我永远只在乎我的客户怎么看，只在乎我的员工怎么看，其他人讲的我都不听。所以人家说你这个人特傻，人家都转型了，你为什么不转型。

马云把那些熟悉的段子变成自己讲话的内容，并解释其中不为人知的艰辛。人们听了之后，眼前的马云就不只是一个距离他们很远的企业家了，而是一个和自己以及身边的人一样的，也是一个会遇到困难的普通人。彼此之间的距离近了，对马云说的话也就能听到心里去了。

用大家熟悉的段子拉近彼此之间的距离，听众一下子就卸下了防备，把你当成了一个熟悉的人。这样，无论接下来再说什么，效果都会好很多。

我们要向马云学习，也学会用大家熟悉的段子，来拉近和听者的距离，从而让沟通变得更加轻松、有效。

“段子手”都给人积极向上的感觉

生活是很艰难的，正因为生活艰难，所以我们必须有积极向上的态度。“段子手”用幽默的调侃苦中作乐，总是笑对生活中的苦难，所以就给人一种积极向上的感觉。

马云在自己的话语中加入很多段子，所以他总是带给人积极向上的感觉。年轻时马云因为长相遭遇过很多十分尴尬的情况。但是，马云把这些都变成了段子。于是，这些经历不但没有变成他的“黑暗历史”，让他感到沮丧，反而让人们更加意识到他是一个积极向上的人。

比如，马云会把自己面试时碰壁的事情说出来。很多年前，马云去肯德基面试，24个人面试，23个人通过了，只有马云没有通过。马云把这件事说出来，不但不让人觉得他很差，反而让人们觉得他非常乐观。

创业初期马云遭遇的尴尬非常多，但是这些遭遇如今都已经成为了一个个段子。这些内容从马云口中说出来，再被当成段子广泛流传开，每一个都让人觉得马云非常积极，能够始终保持那份信心。

雷军在金山的时候，找他进行融资的人非常多。有一次，他遇到了一个“满嘴跑火车”，说起话来滔滔不绝，很像是骗子的人。于是，他拒绝了对这个人的投资。而这个被他拒绝的，不是别人，正是马云。

顺丰的总裁王卫，早年曾经被马云多次约见。马云希望能够跟他合作，但是都被委婉拒绝了。

阿里巴巴在纽交所上市，马云在路演时说：“15年前来美国要两百万，被30家VC拒绝了。我今天又来了，要200亿。”

被拒绝几乎已经成了马云的家常便饭，但是马云没有被拒绝打倒，也从来不在意这些拒绝，不仅对自己经历过的事情积极对待，还把这些事情变成段子向别人说出来。马云其实自己对自己，也是时常用段子来激励的。

当我开始做生意，尝试销售，每天我都给陌生人打电话、出去见客户。出门之前我都告诉自己，我要见12个客户，我都不会有机会赢的，一个机会都没有。然后当我回来，确实没有机会，我说：看，我是对的吧，我就知道没有机会。但是如果我赢得了一个客户，我就是比预期做得好。所以每一次，我们犯的每一个错误，都是一个很好的令你将来成功的经验。

面对失败，马云用这种幽默的段子来激励自己，把失败看得相当正常，不会让失败对自己的情绪产生影响。

马云不仅用段子来给别人积极向上的感觉，他本身也确实就是一个积极向上的人。所以，他总是在话语中鼓励大家，向人们传递他的那种积极向上的理念。

如果你真的不太可能遇到世界上很多的成功人士，那么我们来看看他们是怎么成功的。比尔·盖茨、沃伦·巴菲特，甚至史蒂夫·乔布斯，很多人。我发现成功的人都拥有极具魅力的性格，他们乐观，他们从不抱怨。如果你不乐观，你就没有机会赢了。我年轻时会常常抱怨，当我想做软件，比尔·盖茨已经做了；我想做这个，那个家伙也已经做了；当我想做鸡肉时，肯德基比我们做得更好。而且我们总是想像比尔·盖茨一样成功，但这是不可能的，这世界上只有一个比尔·盖茨。很多像你一样的人会说，比尔·盖茨没有完成哈佛学业，我也应该离开哈佛，但是只有一个比尔·盖茨。

马云一边用段子带给人们积极向上的感觉，一边也传递着积极向上的理念，所以他给人们的印象，永远都是积极向上的。人们听到马云的话，总是感觉心里照进了一束阳光，总是对未来充满了信心和向往。

我们也应该像马云一样，用段子笑对生活和工作中的一切困难，用段子传递积极向上的心态。这样一来，别人就乐于接受我们的话。

第5章

独特的风格是优秀演说的必要条件

会说话的人，往往都有自己独特的说话风格，这是他与众不同的地方，也是人们喜欢听他讲话的原因所在。拥有好的、独特的讲话风格，是把话说好的必要条件。我们应该努力培养出好的说话风格，这样才能把话说得让别人爱听。

马云的风格是“量体裁衣”

一个人要想把话说好，就必须有自己独特的风格。马云的风格其实很简单，就是“量体裁衣”。他在和人讲话时，会根据听者的身份、知识水平、理解能力等因素，决定自己的话应该怎么去说。

马云面对不同的听众，会采用不同的说话方式，看起来好像是风格多变的，但这种“多变”就是他的风格。比如，当听众主要为女性时，他是这样说的：

> 下午好，姑娘们！有点紧张，感觉是有点像上《非诚勿扰》，希望大家在结束以后继续把灯亮着。
>
> 早上听了很多，到下午也听了很多，受益匪浅。我觉得自己非常幸运，我在媒体上，在微博上看到很多人说马云是被妇女们包装起来的，别人可能只有一个女人，我有无数个女人。

在这个世界上，只要你得到女人，你至少得了50分。在很早以前，很多年轻人问我一个问题，在我们公司里讲，人生幸福是什么？我说幸福首先要有个好的家庭，因为结婚家庭好了，你已经有50分了，事业哪怕得10分、5分都是赚的，及格的，如果家庭不好事业再好都没有这个机会。

这世界上不管多伟大的男人，多了不起的男人，都是妇女罩出来的，所以我觉得我们女性，“我们女性”，要有个强大的自信。

这个世界正在发生天翻地覆的变化，这个变化我今天早上也讲了，今天大家去看一下，有多少世界五百强的CEO是女性，原来女性都是在厨房里面，在卧室里面，而今天的女性已经到了客厅，已经到了政界、经济界各个界的主要讲台，她们从卧室抢占了整个客厅，几乎是兵不血刃，大家心服口服。

请问有多少家庭现在是男人说了算的？几乎没有几个家庭是男人说了算的。

马云的这番话，可能男人们听了多少会有些不舒服，尤其是那句“几乎没有几个家庭是男人说了算的”。但是，此时台下的听众是女性，所以这并没有什么关系。台下的女性听众听了马云的话后，感觉非常好。这就是马云讲话“量体裁衣”风格的体现，他会根据听众来选择自已如何去说。

根据不同的人说不同的话，说出的话才容易被理解和接受，这是一种高深的智慧。

一个客人来找孔子请教问题，遇到了孔子的学生，于是便向这个学生请教。客人的问题非常简单，他想知道一年有几个季节。学生感到很奇怪，这么简单的问题怎么还用跑来问。学生告诉他说："一年当然有四个季节啊，春、夏、秋、冬四季嘛！"没想到客人却不同意，非说一年有三季。两人争执不下，最后找到了孔子。学生请孔子来评理，没想到孔子却回答说："一年确实有三季。"客人满意地离开了，学生却大惑不解，赶紧向孔子询问。孔子告诉学生说："一年有四季，但是刚才那个客人是蚂蚱啊，蚂蚱春天出生，秋天就会死去，对于它们来说，一年只有三季。"

孔子这个故事大概是后人杜撰出来的，通常认为是说和有些人讲不通道理。但如果我们从另一个角度去思考，从孔子的这个故事里，我们能够发现，对不同的说话对象就要不同对待这个道理。这就是因人而异的"量体裁衣"式讲话，讲别人能听懂的话。我们的说话方式只有能够被别人接受，我们的话才会被理解。

说话的风格有很多，但无论是哪一种风格，只有我们的说话方式被听者接受了，才会有效。我们可能无法做到像马云那样，对什么人都能讲出最合适的话，但我们可以努力去学习做一个像他那样会讲话的人。

风格是别人对演说的整体印象

每个人在进行演讲时，都会在别人那里留下深刻的印象。别人对我们产生的整体印象，来自于我们的语言风格。如果我们演说很谨慎，措辞也非常严谨，别人对我们就会产生稳重的印象；如果我们演说很柔和，别人会觉得我们很好相处；如果演说时火急火燎的，语速非常快，别人会认为我们是个急躁的人。

每个人的演说风格都是有差别的，就像世界上不存在两片完全相同的树叶一样，世界上大概也不存在两个说话风格完全相同的人。措辞、语速等任何方面的细微差异，都会形成不同的演说风格。

首先，对演说风格起到很重要影响的，就是我们的措辞水平。一个演说高手，一定拥有很丰富的词汇量，措辞水平也非常高，能够在合适的时候使用合适的词语，把话说得十分中听。

措辞水平是影响一个人演说风格的主要因素，而措辞水平又受到我们整体学识和思想的影响。一个人有什么样的水平和境界，就会讲什么样的话，这是肯定的。我们要想让自己的演说风格变得更好，就要提高自己的整体学识水平和思想境界。

除了措辞水平之外，语速也会影响我们的演说风格。

有的人可能不会太注意语速的问题，只是把大部分的精力都花在演说的内容上。其实，语速对演说风格的影响也是很大的。语速太快或者太慢，都会严重影响到听众的感受，马虎不得。

语速是一个非常重要的，同时也是容易被我们忽略的因素，但它确实影响着我们的说话风格，也影响着别人对我们的印象。我们应该注意控制好自己的语速，演说不要太快或太慢。

还有一点需要注意的就是语气。有时候，演说的内容相同，但是演说的人不同，也会有不同的效果，这就是语气的作用。

作家冰心在路上突然听到广播里有人正在读她写的一篇文章。这个播音员读得非常好，冰心觉得自己的文章被这个播音员读起来，仿佛有了新的生命，比她以前的感觉要好得多。冰心认为，这个播音员用独特的感情和动人的语调，将这篇文章的境界升华了。

冰心十分激动地找到这个播音员，向这个播音员学习，两个人最后成了好朋友。

一篇文章，被别人读出来，竟然能让作者本人感到吃惊，这就是语气的强大作用。

演说的风格，不仅体现在演说的内容和的速度上，也体现在演说的语气和语调上，还体现在肢体语言上。可以说，我们在演说时，整个人所传达出来的信息，都是我们演说风格的一部分。

一定要充分重视我们的演说风格，因为它就是我们的一张名片，会带给别人我们的信息，在别人眼中形成一个整体的印象。

用故事来讲道理是个不错的方法

如果我们和别人讲道理，别人可能一时接受不了，或者觉得我们是在对他进行说教，产生抵触情绪，即便觉得有些道理，也还是固执己见。如果用故事来讲道理，效果就会好很多。我们可以养成用故事来讲道理的讲话风格，每次想要讲道理时，都不要直接讲出来，而是用一个故事，把道理表达出来。

马云的讲话总是很容易被人们接受，原因就在于他几乎每次讲道理，都是用讲故事的方法进行。可以说，用故事来讲道理，就是他讲话风格中的一部分。

在他的讲话当中，我们能够找到很多故事，尤其是他在讲道理时，几乎都是用故事来诠释的。在讲到应该坚持到最后，谁坚持到最后谁就是赢家时，马云除了他的那个“今天很残酷，明天更残酷，后天很美好”的名言，他还用故事来告诉员工。

当年拳王阿里打遍美国南部无对手，相当厉害，他成为美国南部冠军。与此同时，美国北部有一个拳击手，也打遍北部无对手。两个人决定打一场大仗。

第一场拳仗，北方拳击手赢了，第二场阿里赢了，两场都是侥幸。第三场就成了决定胜负的至关重要的一场。第三场，前面八个回合，阿里打得筋疲力尽，以为自己要死了，到第九回合的时候，阿里说打死也不打了，另一个拳击手也说打不动了，谁都不肯上去。最后在他人的劝说下，两人又打了一回合。这回合结束后，阿里说他输了，不打了。对方也说不打了，就算赢也不上去了。在关键时刻，阿里跟教练说把白毛巾扔出去，我们投降吧。教练刚刚要扔白毛巾的时候，另一个拳击手的教练先1秒钟把白毛巾扔到外面。就这样，阿里取胜。

与单纯的一句话语相比，这个故事的说服力显然更强，也更容易让人产生心理上的共鸣。通过这个故事，人们就明白坚持下去的重要性。

在讲完这个故事之后，马云还给员工分析其中的道理，他希望每个员工都能明白，每当遇到困难的时候，这困难对所有人都是一样的。当我们自己想要放弃时，其实对手同样也不好过。所以，只要能够坚持下去，比对手多撑住1秒，就是胜利。今天，几乎所有人都知道阿里的名字，而对另一个拳击手，他的名字说出来也不会有太多人知道。他们之间的差距就是1秒钟的差距，而多坚持1秒钟，就是成功。

为了鼓励员工留在阿里巴巴，马云没有说太多煽情的话，而是讲了一个故事。这个故事比说任何煽情的话都管用，它让阿里巴巴的很多员工都深受触动，也让很多员工的心理发生了变化。

我最大的顾虑就是上市以后员工的心态问题。我一定会跟所有的老员工交流，特别是与“五年陈”以上的老员工做一个沟通和交流。

孙正义讲过一个故事，这个故事是真实的。当年软银刚刚在日本成立的时候，有一个小女孩，得到软银一点股票。那个女孩很不高兴：这一点股票还算股票？我不要股票，你给我工资多一点。所有公司创业时，先进的人的工资都是比较少的，阿里巴巴创业时也一样，开始工资比较低，到了淘宝也低，支付宝也低，雅虎有点例外。当时孙正义就希望工资低一点。

女孩拿了一点股权，也没当回事。一年以后，两年不到的时候，软银上市了，这一点股票值一百多万美金，最后涨到将近两百万美金。她才拿了一点，后面的人可能有拿更多，全部变成了上百万美金的股东，有的人甚至变成了几千万美金的富翁。这些人说我们真是运气，于是嫁人的嫁人，不干活的不干活，没有一个人真正感谢公司，没有一个人真正感谢团队。软银内部冲击很大，公司许多员工一起离开，很多人成立自己的公司，来挖原来公司的墙脚。

留在软银的人受到巨大冲击，股票受到了打击，公司受到了伤害。当然出去的人，据现在统计，没有一个人是成功的，来得快，去得更快。留在里面的那帮人都活了下来，而且现在股票越来越坚挺。

马云用这个故事告诉员工应该懂得坚守，这比单纯地讲道理要有用得多。有的员工在公司的时间长了，就产生了懈怠的情绪，对公司的前途也没有信心。马云用一个故事，就让很多人的心稳住了。

正因为马云有用故事来讲道理的说话风格，所以他讲的道理总是更容易被人接受。我们就应该学习这种讲话的风格，这样我们所讲的道理也会更容易被别人接受。

深入浅出是值得拥有的风格

在讲话中，当我们说到别人不太懂的问题时，如果我们说得特别专业，别人可能理解不了。当别人听我们讲话特别费力，理解不了我们所说的意思时，他们就会产生不耐烦的情绪，沟通效果就不会好。

因此，我们在说话时，应该把深刻的道理用浅显易懂的语言表达出来，用深入浅出的语言来讲话。马云在讲话时，就非常善于深入浅出地讲解问题，这也是他一贯的语言风格。

当有人认为现在创业非常困难，质疑创业的时机时，如果马云讲很多大道理，分析各种数据，可能别人听得晕头转向，最后还不以为然。但是，马云非常会讲话，他没有那么说，而是深入浅出地将这个问题解答了。

马云说：

当初微软做起来的时候，人们都说没人能超越微软，后来出现了雅虎；人们说没人能超越雅虎，后来又出现了eBay；人们觉得eBay已经很了不起了，又出现了谷歌；当人们觉得谷歌已经像太阳一样无法被超越了，现在又出现了Facebook。有人说：马云创业的时候环境和机会比我们好，你运气好，所以你成功了，但我们没机会了。我说那不可能，这个世界永远有机会。

马云用大家都知道的事实，巧妙论述了创业机会一直存在这个道理，让人一听就明白。而且，由于是用事实说话，让人不得不相信，根本没有反驳的余地。可以说，马云的话深入浅出，而且有理有据，非常使人信服。

用大家都知道的事实，简单明了地将道理讲出来，这是深入浅出的一种表达方式。还有一种，就是用人们都能理解的事物来进行类比，让人们容易接受和理解。马云也经常使用这种方式来深入浅出地分析问题和讲道理，效果同样非常好。

比如，马云会说“见过捕龙虾致富的，没见过捕鲸致富的”，也会说“发令枪响了之后，你是没时间看你的对手是怎么跑的”。用这些类比，来讲述企业的问题，大家一下子就明白了，不需要再去详细分析。

用类比这个方法来使讲述深入浅出，这个方法非常好用，很多人都在用。爱因斯坦其实也是个非常会讲话的人，他在讲话时就会用到这种表达方式。

有一次，有人向爱因斯坦询问什么是相对论。相对论可不是三言两语就能说清楚的问题，如果换成别人，可能会感到很为难。说得太少，对方无法理解，说得太多，可能又把对方说迷糊了。但是爱因斯坦一点也不慌，他告诉对方，相对论就像是一个人坐在火炉上与坐在火炉上跟美女聊天的区别。如果一个人坐在火炉上，那么一分钟的时间对他来说就像是一个小时；但是让这个人和美女聊天，一个小时的时间就像是一分钟。

相对论那么复杂，却被爱因斯坦用一个巧妙的类比，一下子将它的那种“相对而言”的特点传达给了别人。这就是通过类比来深入浅出表达的智慧。

当我们在讲话时注意使用深入浅出的方法来表达，我们的话就会通俗易懂，也让人愿意听。很多专业人士，说出来的话别人听不懂，问题就在于他们不懂得如何深入浅出地表达。当人们听到理解起来相当困难，甚至是无法理解的话语时，自然不会产生很大的兴趣。所以我们应该学会使用深入浅出的语言，避免别人对我们的话失去兴趣。

那些懂得使用语言技巧，能够轻易让别人明白自己观点和看法的人，往往都是会将复杂问题简单化，深入浅出表达出来的人。我们应该学会用别人能听懂的语言和方式来说话，用最简单、最朴实的话语来说话。

第6章

言语中体现温情和正能量

在语言中体现出温情和正能量，我们的话就会有温柔而强大的力量，即便没有华丽的辞藻和优美的语句，即便朴实得像是带着泥土的气息，也能催人奋进，让人心潮澎湃。生活中需要温情也需要正能量，而我们，要用我们的语言去传递它。

共赢的话语总是受人欢迎

不管是在生活中还是在工作中，我们每个人都想要赢。因此，说话时要表达出共赢的意思，共赢的话语总是会受到人们的欢迎。

人们常说“积极的人像太阳，照到哪里哪里亮”，保持积极的态度，常把共赢的话语挂在嘴边，一开口就是给人鼓劲儿加油，这样的人当然会受到人们的欢迎。相反，如果总是满口抱怨，到哪里都给别人拆台，总是说泄气的话，这样的人肯定不招人喜欢。

马云的讲话总是受到人们的欢迎，很大一个原因就在于他总是说共赢的话。

马云在演讲中经常提到要打造帮助中小企业的平台，要和中小企业一起实现共赢。比如他这样说：

值得骄傲的是，我们为中国创造了超过3300万个工作机会。我们的目标远不止这些，到2036年，我们要努力把我们的经济体做成世界上第五大经济体。去年我们的商品交易总额排名世界21、22，在之后的20年里，我们要做到第五，那时候，我们希望为20亿客户服务，我们希望为世界提供1亿个工作，让1000万的小企业家在我们的平台上盈利，这就是我们希望做到的。

马云在提到阿里巴巴的愿景时，总是将联合中小企业一起实现共赢挂在嘴边。其实，除了谈到中小企业时，马云会特别强调共赢之外，在其他时候，马云也总是将共赢挂在嘴边。

我是说阿里巴巴发现了金矿，那我们绝对不自己去挖，我们希望别人去挖，他挖了金矿给我一块就可以了。

电子商务最大的受益者应该是商人，我们该赚钱因为我们提供工具，但让我们做工具的人发了大财，而使用工具的人还糊里糊涂，这是不正常的。所谓新经济，就是传统企业利用好网络这个工具，去创造出更大的经济效益，使其成几十倍地增长，这才是真的新经济的到来。今天新旧经济是两张皮。

我们必须让各类的网商知道，竞争是让你完善和成长的东西，学会和竞争对手相处才是最厉害的。商场就犹如一个生态系统，这个系统的核心思想只有共赢。

传统的商人是把产品卖给别人，自己从中获取报酬，这是最简单、最直接的赚钱模式。但是马云不那么想，他有“授人以鱼不如授人以渔”的观念，希望能够把众多的小企业联合起来，大家一起创造财富。这样比单纯从别人那里赚到财富更好，因为大家都富起来了，财富的总额才会变得更多。

在对员工的管理上，马云也是共赢的思想。他从来不去想着从员工身上榨取价值，而是让每个员工都为理想拼搏，为了自己和公司共同的胜利而努力。无论是对员工的讲话，还是在大学里对年轻人做演讲，马云的话里都能体现出他的这种共赢思想。

不管你今天在阿里，明天在不在阿里，你加入任何一家公司，请带上我们的使命，带上我们的文化和价值观，带上我们“让天下没有难做的生意”，带上我们“为1000万家企业生存建一个平台”，带上1亿的就业机会、20亿的消费者，去加入任何公司的时候，我们绝不抱怨，为你鼓掌。

马云的讲话，总是带着“大家好才是真的好”的共赢精神。他不会去要求员工不能离职或者其他选择，这正是共赢的体现，只要员工做得更好，在哪里都是为社会做贡献，这是一种更大的共赢精神。

正因为马云的话语中时刻都在体现共赢的精神，所以他的话总是那么受人欢迎。如果我们也能把共赢精神融入到我们的话语中，我们一定也能让自己的演说更受欢迎。

关注那些平时不被重视的人

每个人都希望受到别人的重视，这是天性使然。但是，因为种种原因，总有一些人是容易被大家遗忘的，他们显得默默无闻，从来不会成为人们关注的焦点，甚至就好像不存在一样。但是，他们真实存在着，他们也需要关注，也需要鼓励和关怀。

一个真正会讲话的人，一定不会忽视任何人，他会照顾到方方面面，考虑到所有人的感受。会讲话的人，他可能更加关注那些平时不被重视的人，给那些人更多的鼓励，让他们感受到被关注的感觉。

马云在讲话时也是有这样的习惯，他关注那些平时不被关注的人，所以说出的话总是符合普通员工等基层人物的胃口。这种说话习惯，也让马云的话总是显得特别接地气。用马云自己的话来形容，他是一个比较有江湖气息的人，江湖气息，正是底层小人物的那种气息。

在企业当中，年轻人其实是最容易被忽视的一个群体。年轻人经验不足，各方面的阅历也少，会给人们一种办事不牢、难以担当大任的感觉。事实上，企业中的年轻人，往往也都是处在最基层的员工。不仅企业里是这种情况，社会上对年轻人也总是充满担忧，各种言论都在怀疑年轻人，“‘80后’在悬崖边缘”“‘90后’垮掉的一代”等言论都有不少。虽然人们总是说要重视人才，但有些时候，年轻人往往是不被重视和看好的人。

马云不一样，马云非常重视年轻人，并且他也愿意去相信年轻人的能力。

> 我爷爷在责备我爸爸的时候会这么说，而我爸爸在责备我的时候也会说我爷爷说过的话。但是我爸爸就比我爷爷做得好，而我会比我爸爸做得好，我相信我的孩子将来会比我做得好。这就是这个问题的原因所在。

马云觉得年轻人是很强大的，并非像人们想的那么不堪重任。在很多讲话中，马云都表示出了他对年轻人的充分关注。

> 当所有人不相信这个世界，所有人不相信未来的时候，我们选择了相信，我们选择了信任。我们选择十年以后的中国会更好，我们选择相信，我同事会做得比我更好，我相信中国的年轻人会做得比我们更好。
>
> 看到你们，看到中国的年轻人，我不希望有一天我们这些人再来一个“致我们失去的中年”。这世界谁也没有把握你能红五年，谁也没有可能说你会不败，你会不老，你会不糊涂。解决你不败、不老、不糊涂的唯一办法，相信年轻人，因为相信他们，就是相信未来。

马云关注年轻人，相信年轻人。正是因为他的关注和信任，让听到他讲话后的年轻人充满了希望。马云的关注点不仅在年轻人身上，也在所有平时人们会忽略的人身上。所以，马云讲出的话才会引起那些平时不被重视者的共鸣，他的话才有令人激情澎湃的力量。

你的关注，对别人来说也许就是一束阳光。关注那些平时不被重视的人，你的话语就会变得更有力量。

把自己的姿态放低，懂得感恩

无论有多么高的地位，取得了多么大的成功，在说话时，我们应该永远保持一种低的姿态，懂得感恩。我们感恩别人曾经给过的帮助，感恩现在人们给予的支持，感恩困难让我们更加强大，感恩挫折让我们变得更加坚强，感恩所有的一切。当我们放低姿态，怀着感恩的心，我们所说出的话就会温柔而有厚重的力量。

在讲话的时候，马云从来没有过高高在上的姿态，他总是把自己的姿态放得很低，还经常称自己就是一个老师。

2017年12月，马云公益基金会公开发布马云乡村师范生计划。马云准备在10年里投入至少3亿元，用来选拔应届优秀师范毕业生成为乡村教师，培养未来的乡村教育家。马云称自己为“乡村教师代言人”，他说：“只有让最优秀的学生成为乡村老师，乡村教育才会强。”

马云最开始是当老师的，现在他已经功成名就，但他不摆什么高姿态，还是把自己当成一个普通的教师，并且要为乡村教育事业的发展出一点力。

马云在给获得“马云乡村教师奖”的老师们讲话时说：

> 大家好！先谢谢大家，也恭喜大家获奖，感谢大家在帮我实现一个很大的理想，就是当老师。我自己是师范专业毕业，教了六年书，后来就去做商人。这么多年来，一直希望自己当个老师，离开大学的时候，跟我的校长说，十年以后我也许回来，校长说你任何时候回来都可以。但是没想到这个公司越来越大，不是因为我贪恋这个公司，说实在的，很多网上的年轻人可能也觉得我去年讲的，我最大的错误就是把阿里巴巴做大，觉得这可能是虚的。其实真的挺累的，比大家想象的累多了，我们每个人崇尚爬珠峰的人，其实走到六千米以上的人，才知道往上是多么的艰难。要想退，很多事情也是需要一步步的，山上上去后，下来也是需要一步步地下来。
>
> 十年的承诺并没有做到，但我感谢所有的同学、我的师兄弟，特别感谢在中国所有从事教育的人。我在今天也希望做一点事情，你们是乡村教师里最出色的一帮人，你们在前面的努力，让我心安了很多，我从来没有改变我的性格，人生第一份工作影响自己一辈子，我第一份工作，前面打工的经历不讲，但是正式工作就是老师。

可以看出，马云从来没有忘记他曾经是一个老师，甚至他一直以为他自己始终都是一个老师。马云以教学生的心态去带员工，希望每个员工都能变得更加优秀。他以老师的方法去带企业，去帮助其他企业，所以他能成功地让很多中小企业发展起来。

马云站在一个高的位置上，但始终都有一颗谦逊、感恩的心，他的姿态总是放得很低。也正因为他的姿态放得那么低，所以他的成就那么大。

也许我还不够好，但我正在努力变得更好

谁都害怕受到批评，即便是再大度的人也不例外。尤其是当我们面对很多人的时候，一个批评可能会经过众人口口相传，给我们带来非常大的压力，仿佛那批评承载了所有人的怒气，像山一样压顶而来。有时候也许别人并没有批评我们，但我们自己做错了事，心里还是会感到内疚和自责。

但是，面对众人时有些人会嘴硬，拒不接受批评，也不承认缺点和错误。这好像是保护了自己，却会引起别人更大的不满，效果简直糟糕极了。有了错误不承认，这本身就是不对的。实事求是、勇于承认缺点和错误，才是正确的做法，才能传播正确的价值观，并体现出正能量。

俗话说："知错能改善莫大焉。"当我们承认自己的缺点和错误，承认自己还不够好，别人的怒气就会消减一半。如果我们再向大家表示，我们正在努力变好，可能别人的怒气就全都消除了。一个勇于承认错误、担当责任，并且努力做出改变的人，是值得大家原谅的。

马云在这方面做得就非常好，有了错误之后，他不会去回避错误，而是正视错误，认真分析和评估，对出错的地方，努力改进，对大家误会的地方，会认真解释。

对于淘宝有假货的问题，有一段时间受到了人们极大的关注。马云没有否认这个问题，他公开承认淘宝有假货，并且还谈论这个问题，并向大家解释淘宝正在努力打假，会在对待假货问题上做得更好。

马云承认公司的问题，对大家坦诚相见，并诚恳表示以后会做得更好，这一点是非常难得的，也体现了马云在说话方面确实非常高明。如果他拒不承认这个问题，人们的关注一定会越来越强，假货的事情也会发酵得更加猛烈，最后难以收场。他主动承认，并且拿出诚恳的态度，人们的怒气就平复下来，事情就能够得到解决。

无论是在公布淘宝有假货时，还是在之后的讲话中，马云对待假货的问题，都是保持这样坦诚的态度。我们来看他对于假货问题所说的一些话：

> 淘宝有假货，自从有了人类以来，一直都存在假货，这是人性所决定的。
>
> 淘宝网站的假货就像人类历史，从有人类开始到灭亡，假货永远不会消灭，因为这就是人性，而且假货在人均GDP 5000美金时最猖獗。日本、美国、英国都经历过，中国正在经历。因为人性希望贪婪，希望捡便宜，希望用最快速的方法致富，所以这是一定会存在的。
>
> 首先，当你拥有那么大商业规模的时候，你必须学会接受批评。你必须倾听，再来判断哪些是对的，哪些是错的。第二，作为一个赋能1000万小商家规模的电商平台，我们不会像亚马逊Buy一样，特别是价值

5500亿美元的交易商品，你不可能全部检查，这是电子商务模式本身的问题。第三，在过去17年，我们在打假和知识产权保护方面一直是领军者。但我们是互联网公司，没有执法权，我们发现了某人在卖假货，我们可以把他从平台上移除，但不能逮捕他。去年一年，我们将400名涉假分子送进监狱，下架了3.7亿件假货。我们不但是打假的领军者，我们用大数据来监测谁在买、谁在制造、谁在售卖、地址在哪儿。我们现在对全世界，尤其中国政府机构意识到这个问题感到高兴。好事是今天你去问这些“犯罪团伙”，这些制假者、售假者，他们说，他们可以去任何一个平台，但现在他们不敢上淘宝天猫，因为我们的大数据科技可以查出他们是谁、地址在哪儿，并提交给警方，对他们进行捕获。

马云讲话时承认错误、接受批评的坦诚态度，以及努力把事情做得更好的表现，都让马云的话充满了温情，让人愿意接受。

不要害怕我们做得还不够好，当我们承认我们的缺点和错误，对大家坦诚相待，并努力去改变时，我们的话就会充满温情的力量，我们也会被别人原谅。

语言的性质一定要是正能量的

生活本来就是艰难的，我们就不要让话语里也充满犹豫和哀伤了，应该用正能量的话语去传递希望和积极的态度，让每个人都积极起来，笑对生活。

马云的话从来都是充满了正能量的，所以他的很多话都能变成经典的句子，一直流传在网上。他在讲话时，总是用正能量去感染别人，给别人以希望和力量。

马云在演讲中提到他创业时的经历，他这样说：

> 我想，上帝是想让我自己做一番事业，因为我已经习惯被拒绝了。
>
> 即使到现在，我失败的时候，我会对自己说我已经习惯了。我们不得不学会接受自己总是被拒绝、没有人帮助和支持的现实。我们不应该习惯自己的成功，如果我们在什么事情上成功了，我们会倍感骄傲、荣幸还有感恩！

1999年，Joe是我的咨询顾问，我们寻求一些风险资本家的投资，我们被至少30名风险资本家拒绝了，他们甚至没有听我们的介绍，就说你们18个人里面没有人有高学历。除了Joe，他毕业于耶鲁大学，而剩下的18人，我们没有任何的背景。他们对我说：不要再和我们说你们要建立世界前十的网站，创办一个可以存活102年的公司，或者你们要在中国发展电商，别人都说你们疯了吧！

但是我们着手做了，用15000美元。2年后，Harvord Kin想要做一个案例研究。他们花了一周时间，写了一份很长的报告，告诉我："Jack，这就是你们公司。"我读了那份报告之后说，这不是我们公司，这不是我们想要做的。他们说，这就是我的公司，我只是自己没有意识到。我说，那好吧，那这就是我们公司。

之后的6年，他们把这份研究报告发给了北京的很多高校，他们将阿里巴巴和其竞争者放在一起比较。每次我都会被邀请坐在教室的最后，听人们讨论我的公司前景。6年里，每一次他们都会说阿里巴巴会消亡，而它的竞争者会存活下来。然而6年后，所有的竞争者都消亡了，我们仍然存活。

没有华丽的辞藻，也没有鼓励的话语，但是当马云用如此平实的话语讲述他的创业经历时，所有人都能感受到这些话语中流淌的那股满满的正能量。当马云说到这里，全场掌声雷动。

在马云的讲话中，几乎时刻都涌动着正能量，他的话语无论是平淡还是激昂，永恒不变的就是话语背后的那股正能量。

联想集团创始人柳传志，他评价马云的演讲时，表示马云的演讲让他非常激动，现在能让他感到激动的事情已经不太多了，但是马云的演讲让他觉得这是在给中国露脸，真的让人非常激动。让他激动的是马云的遣词造句吗？一定不是的，让他激动的正是马云话语背后，那股强烈如潮水一般的正能量。

第7章

会演说的人一定要有方法

演讲可以说是对一个人说话水平的终极考验。在众多听众面前演讲，需要注意到的问题是很多的，同时也需要使用各种技巧去不断引起听众的兴趣。如果想让自己的说话水平变得更好，我们就一定要学演讲、会演讲。

演讲是锻炼说话水平的最佳方式

说话水平不是天生的，它需要经过不断的学习和锻炼，才能变好。要想锻炼说话水平，最好的方式就是用演讲的方式来锻炼。演讲需要面对很多人，所以对说话的语气、语速、措辞等都有比平时说话更高的要求，能更有效锻炼我们的说话水平。

马云的说话水平非常高，这和他经常做演讲有密不可分的关系。马云在做演讲时不用演讲稿，一切全凭自己的头脑。他在演讲现场自己组织语言，即兴发挥，并能把话说得让别人都爱听。马云在演讲台上讲过的话，可能比很多人平时说的话还要多。

首先，马云在演讲中会把语速放慢，让自己的话说得更加清晰，确保每个人都能够听懂。马云无论用汉语演讲还是用英语演讲，总是在该停顿的时候停顿，语速把握得非常好。

其次，马云会对重点的内容进行重复，以确保别人可以记住他所表达的重点。这个重复是很有技巧的，一般他会把握重复的时机，在多次重复间会有一定时间的间隔。这样，别人不会觉得反复唠叨，也能够加深印象，效果非常好。

第三，马云的肢体语言运用得非常好。马云在讲话时，手势、表情等各方面都和语言搭配得非常好，看起来特别自然。而且，有时候，他还会用身体语言辅助，增强表达效果和感染力，取得更好的讲话效果。

最后，马云在讲话时风趣幽默，懂得在适当的时机调节现场的气氛。正是因为马云特别懂得调节气氛，所以他的演讲全程都让人精神集中，大家都听得非常入神，一点也不会感觉枯燥。

我们来看马云是怎么演讲的：

18年来变化最大的，是我们从18个人变成了截至昨晚54421名员工，来自70个不同的国家，我们在21个国家和地区有自己的办事处。以前创业的时候我们天天都开员工大会，现在开员工大会起码得筹备一年，搞得满城风雨。当年创业的时候，我们18人的创业团队讲总有一天，阿里巴巴会“美女如云，良将如草”。现在，阿里巴巴已经拥有了22000名“美女”和超过30000名“良将”，我为此感到特别骄傲。

当年我们有很多的梦想，早上在巴黎，下午在伦敦，晚上在布宜诺斯艾利斯吃饭，但是现在发现这个理想也是灾难。我去年一年在空中飞了870个小时，但是去年一年，阿里人在空中总共飞了68万个小时，相当于77年的时间在空中，谢谢大家的付出。

18年以来我们最大的成就是拥有了大家，从18个人到了5.4万多人。我们最大的财富也是因为有了你们，我们最大的骄傲，最大的资产就是因为有了5.4万多名员工，以及以往为阿里巴巴做出点滴贡献的人。

我们为什么要开年会，把大家聚集到一起，不是为了显示我们的成绩，彰显我们的实力，不是炫耀我们做了多少事情，而是需要冷静地思考。我们需要反思，需要复盘，我们需要统一对外来的认识。因为我们已经18岁了，已经成人，客户和各界对我们的期待已经发生了变化。

我们所有人要清醒地认识到，今天阿里巴巴的市值是全世界第六大，但绝不等于我们的实力进入了世界前十强，我们离那些伟大公司的路还非常遥远。我们绝对没有别人想象的那么强大，更没有别人想象的那么无所不能。

跟未来相比我们还是孩子，但和18年前相比，我们俨然是庞然大物。18岁的阿里和所有18岁的人会犯的错误、无知和狂妄，我们都有，但这正是我们今天聚在一起，需要思考，需要改变，需要迎接未来的挑战。

18年以前，我们18个人聚在一起，相信互联网，相信电子商务，相信我们合在一起一定能做些事情。之前我听人讲觉得很有道理，说：“绝大部分人是看见而相信，很少部分人是因为相信而看见。”过去的18年，阿里是因为相信才有今天。

马云的演讲节奏控制得非常好，他不断讲述18年以前和现在的对比，还重复了人数上的变化，不但让人们记住了这些内容，还不会显得唠叨。

在演讲中，我们能非常好地锻炼自己的说话水平。当我们做了演讲之后，要分析自己演讲得怎么样，总结经验，不断提高自己的说话水平。另外，我们还可以多看看马云的演讲视频，从他在演讲时的表现，也能学到很多说话技巧，提高说话水平。

演讲让我们的思想被更多的人了解

好的演讲不在于个别语句的对错，而是表达思想，看思想表达的效果。因此，如果能把演讲做好，我们就能更好地表达自己的思想，也就会讲话了。

马云在演讲时不使用演讲稿，都是上台就讲。那么他在演讲时就不会有语病吗？有，但是不会很大，也不会太多，可能偶尔会有一点。不过，这完全不会影响他的表达，因为他已经把他的思想很好地传达给了听众。

马云在创业时，刚开始做互联网企业，对互联网的了解也不是很多。当时马云抱着对互联网极大的热情，跟身边的人讲互联网，并讲做互联网企业一定可以成功。但是讲了半天，他实际上讲得并不好，把大家听得晕头转向，他自己也有点懵。这不是马云的表达能力差，而是因为他还没真正把做互联网企业这件事搞透彻。讲话是对思想的表达，马云自己的想法还没弄得太清楚，所以讲出来之后别人也就不太明白。

现在我们再看，马云即便不准备演讲稿，也能把演讲做得很好，让别人听得清楚明白。这是因为他的思想已经完全理清楚了，所以他的话也就条理清晰、逻辑分明，演讲自然也就做好了。

我们来看马云现在的演讲：

> 我们永远客户第一，没有客户的支持和信任，不会有阿里巴巴。这世界上最珍贵的就是客户的信任，信任是最昂贵，又是最脆弱的产品，只有对得起这些信任，阿里才会走得更远，走得更好。关心中小企业，关心年轻人，关心妇女，才是真正关心未来和我们自己的未来。
>
> 我希望我们的员工记住，今天阿里巴巴大了，但跟未来相比，我们真是一个孩子。我们值得骄傲，但是我们不能骄横，我们不能自以为是，离开了平台，离开了合作伙伴，离开我们拥有的信任，我们什么都不是。
>
> 我最难过的是在外面听见阿里人现在骄横了，阿里人现在自大了，阿里人认为自己无所不能了。我们必须明白，也必须拥有一颗谦卑的心。阿里巴巴要成为一家了不起的企业，我们员工必须是谦卑的。阿里巴巴要成为一家担当世界未来、解决问题的公司，我们的员工首先要担当自己、家庭、团队、社区的责任。
>
> 认真生活，快乐工作，保持理想。我们跟别人的差别，在于我们比谁都要认真对待我们的生活。生活只有一次，它没有排练，所以你不认真对待，生活是不会真正对待你的。

马云的演讲意思表达得非常明白，就是员工要一直不忘初心，始终保持快乐的心态和良好的态度，把工作做得更好，让阿里巴巴一直健康发展下去。马云有了自己想要表达的思想，然后再围绕这个思想组织语言，将这个思想传达给员工就行了。

演讲就是为了让别人理解自己的思想，一个演讲高手能让自己的思想被更多的人了解。因此，演讲做好了以后，讲话水平一定会提高，因为我们会抓住讲话的核心要点，让别人更好地理解我们的思想。这样一来，我们的表达水平就能真正提高了。

演讲是“演示”+“讲解”

演讲一词就是由“演”和“讲”这两个字组成的，所以演讲就是由这两个部分组成的，它是“演示”和“讲解”的组合。演示就是讲出一个合理的场景或者故事，让它来承载我们要讲的道理。然后就是把这个道理讲解一下，让听众能够明白。

我们来看马云是如何用这种方法做演讲的。

马云认为，企业小的时候比较容易管理，出现问题的机会也少。等企业的规模变大了，就容易出现各种问题，比如僵化。为了更好地表达这个观点，让所有人都能明白，他是这样说的：

七十年代末我在杭州学英文，在西湖边上，老外说你们广播操很好，我就教他们广播操。教完之后我回过头来看看，他们也回过头看一下，我一笑，他们也一笑，我弯了一个腰，他们也弯了一个腰。第二天表演，所有人做这个动作的时候，所有人都转回头，笑了一笑，弯了腰。这就是习惯。你前面一贯认为对的东西，也许当时是出于我们竞争的需求，当时做这个动作时傻傻的，于是越来越傻，越搞越大。

马云用这个故事，给大家演示了一个僵化的场景，让僵化的状态能被人们更直观地理解到。然后他再对这件事进行讲解，说明了在工作中应该怎么样，应该注意避免僵化等。这样一说，清楚明白，听众也非常好理解。

马云用演示加讲解的方式演讲的例子有很多，在他的很多演讲里都能看到这种方式。比如下面他说的这些，用的也是这样的方式。

职业经理人与企业家的区别在哪里？我们同样上山去打野猪，职业经理人看到野猪没打死，扔下枪就跑了；但企业家看到野猪没打死，拿出菜刀就冲上去了。我先告诉大家一个坏消息，今年的经济形势很不好，而且会持续不好；但也告诉大家一个好消息，就是大家都不好。中国最好的企业绝大部分都不是在好形势下出来的。我对企业失败的案例尤其感兴趣，在经济形势不好的情况下，你会发现，80%~90%的好企业都会经历过三到四次非常残酷的时代。美国加息、资本外流、人民币峰值、股市震荡、出口负增长、投资乏力、产能过剩、实体不振、大宗商品价格暴跌、企业家信心不足、雾霾越来越重……反正没一个人说自己日子好过的。中国乃至全世界的好公司都不是因为出了份文件才起来的。甚至于，等到文件发布指明方向的时候，就是“千军万马过独木桥”的时候。这个时候企业冲进这个市场，反而死的概率非常大，因此企业家眼光的判断非常关键。阳光灿烂的日子修理屋顶是最重要的。有一则寓言，说三个人正好遇上暴风雨，一个人有雨衣，一个人有雨伞，还有一个人既没雨衣又没雨伞。等雨停了再继续出发，是那两个带雨具的人更早到达目的地。这个寓言告诉我们，遇到经济形势不好的时候，大家要沉着冷静。现在都说实体经济如履薄冰，其实互联网才是如履薄冰。

马云虽然是个大企业家，但是他讲话总是特别接地气，说话不会用太多专业词汇，非常口语化。他用演示加讲解的方式做演讲，所讲的内容就更加容易被人理解了。他用一个个非常具体的故事或者场景来演示，然后给大家把道理讲清楚，虽然听众的理解能力不一定都非常高，但是每个人都可以理解，因为马云讲得太清楚了。

用演示加讲解的方式做演讲，能够把演讲内容说得非常好，让我们的演讲成为人人都能理解的好演讲。

演讲时要善于“出奇制胜”

在演讲的时候，要有一些与众不同的地方，这样才能够吸引听众的注意力，这种方法就是“出奇制胜”的方法。如果能够在演讲中运用好“出奇制胜”的方法，我们的演讲就会显得别具一格，同时具有很强的吸引力。

马云的演讲总是让人很愿意听，同时也能集中听众的注意力，甚至还有引人入胜，让人听后拍案叫绝的效果。这就是因为马云非常善于使用“出奇制胜”的方法。

马云有时候发表一些全新的观点，有时候否定一个比较流行的观点，提出一个完全相反的观点。总之，他总是不走寻常路，要用“出奇”的方法来引起听众的注意，并取得演讲的胜利。

马云在一次演讲时，提出了语言和判断的重要性。这种说法在以前是没有多少人听过的，所以给人耳目一新的感觉，一下子就抓住了听众的注意力。

> 假如1999年我们不判断中国一定会加入WTO，加入到WTO之后中国人的生活一定会好，那么今天也就不存在这些优秀的铁军；假如我们不判断中国的内需市场必须起来，我们就不会做中文站点；假如不判断中国将由电子商务消费驱动市场，我们就不会推出淘宝；假如不判断中国支付体系不一定是政府垄断，我们就不会推出支付宝。基于对未来的判断才有今天的阿里巴巴，我们必须看到别人没有看到的危险，也必须看到别人没有看到的机会。

马云将预言提升到了一个非常高的高度上，并用一组气势磅礴的排比句，将这个观点表达了出来。听众不但感到新鲜，还因为这组排比句的强大气势感到非常激动。马云用非常好的语言技巧，加上非常新奇的观点，带领大家走向了演讲中的一个高潮。

马云否定一个流行的观点，提出一个和观点完全相反的观点，这种情况也在他的演讲中时有出现，这也是“出奇制胜”的一种方法。

比如在谈到员工在公司会有怎样的工作情况时，马云就用了这种方法来表达自己的意思。按照一般人的思维，好的公司应该是比较轻松并且能够施展自己才华的公司，至少应该是工作起来不难受的公司。但是，马云否定了这种观点，说阿里巴巴的员工一定会非常倒霉，会遭遇各种困难和挫折，工作也会特别累。最后得出的结论是，如果员工能够在阿里巴巴工作，那么他就可以在任何一家其他公司工作了，因为他的能力已经得到了非常大的提升。

马云否定了一个流行的观点，提出了完全相反的观点，用这种方法成功引起了听众的注意，并非常好地宣传了阿里巴巴的理念。这就是“出奇制胜”的方法，马云运用得非常好。

其实，马云能够熟练运用“出奇制胜”的方法，是因为他本身就是一个想法很独特的人。马云从来不会随大流，他总是会独立思考问题，并产生自己的独特想法。

类比让演讲更加生动

在演讲时使用类比的方法，能让演讲者的话语更容易被理解。马云就因为经常使用类比的方法，所以他的演讲总是能很快就被听众理解。

马云在深圳进行过一次即兴演讲。在演讲中，马云用了类比的方法，通过自己的经历，来类比所有的创业者，告诉大家创业很不容易。

我记得在飞机场买过一本杂志，我说这个人怎么这么厉害，翻过来这个人是我。但这又根本不是我，夸张。所以，不要去盲目地追求东西，第一次创业的时候，你想做什么，到底要做什么，不要受外界影响，你自己就要确定你今天就是要做这个事情，你要有决心。

我记得我在做阿里巴巴的时候，有一个机会，有一个很大的公司给我的年薪是150万美元，不包括奖金和股票。这是很大的诱惑，但是我没有答应。我家人说我是疯子，这么多钱，你不要。我就说这个机会我不要，我就是想创办一个中国人的网站，所以有时候你要做什么愿望很强烈的时候，你会抵挡很多诱惑。

现在很多企业不要问你能做什么，因为这个世界上能做什么的人，比你多多了。成功的人说不清自己是怎么成功的，有了这点以后你会非常独特，因为你想的时候非常深入。这两年我不跟别人探讨阿里巴巴的模式。今天我讲的未来五年是很模糊的，说心里话我真的不了解阿里巴的模式是什么。说实在的，真的有好的模式，你不会告诉别人，是不是？你们家床底有一个金罐，你不可能去告诉所有人。

所以有好的模式是摸索出来的。一个月前我在亚布力会议上，参加企业会谈，有几个人在讲如何才是成功的企业家。后来我分析了他们几个人，他们基本上都是失败了几次。

一般来说，成功的人，往往说不清自己是怎么成功的。中间很多很多的原因、理由你不知道，还有很多运气成分，还有风水等。我觉得阿里巴巴这几年来，我们犯了无数的错误，但是我觉得那不是错误。在创业过程中，很多的灾难你预料不到。中国绝大部分企业今天还没有到这一步，绝大部分企业就是战术，战术就是活下来。等你活下来了，你到一定的规模、一定的时候，你再去考虑战略。

马云用自己的经历来类比，说明了所有人创业都很难，成功者先要做到不“死”，然后才可以达到成功。如果他只是说这个道理，人们可能听不懂，也没多少兴趣去听。但是他用了自己的事情来进行类比，演讲的内容就十分生动，说服力也非常强，每个人都能理解他所说的意思。

在讲到公司的使命感时，马云也用类比的讲话方法进行说明。

爱迪生企业的使命是什么？Light to world（让全世界亮起来），从企业CEO到门卫，大家都知道要将自己的灯泡做亮、做好，结果现在“打遍天下无敌手”。我们再看另外一家公司——迪士尼。迪士尼公司的使命是Make world happy（让世界快乐起来），所以迪士尼的所有东西都是令人开开心心的，拍的戏也都是喜剧，招的人也全是快乐的人。

如果直接告诉员工使命感很重要，阿里巴巴的使命感是什么，员工可能接受不了，就算接受了，也印象不深。马云用类比的方法，用爱迪生企业、迪士尼和阿里巴巴进行类比，就让员工觉得所有优秀的企业都是有使命感的，对阿里巴巴的使命感就容易接受了，并且记忆深刻。

在演讲中提到企业经历的痛苦时期，马云也用类比的方法来说，让自己的话变得非常生动形象，也让听众一听就理解了。

今天有许多人说企业活得痛苦，这些痛苦是什么概念呢？是越来越走向市场化。一方面是全球经济的下滑，另一方面是因为你的组织文化和体制在过去10年还可以活得不错，但在未来10年，越来越走向市场经济的时候，机制、文化和人才、组织不适应的话，就会死得很惨。我们经常考虑和讨论的，就是什么样的组织、什么样的文化和什么样的人才，才是未来10年公司发展所需要的。

转型是一定有代价的，就像拔牙一样，一定会痛。但是这个痛你不治，就会天天痛，但又不至于死人，却让人死去活来。因此，改革带来的阵痛大家要有心理的准备和容忍度，要扛得住。互联网的排名每天都在变，BAT也是如此，我们每天都在担心。

马云用一个拔牙时的痛，来类比企业转型时的痛。这个类比，让人一下子就能理解，这个痛是必须经历的阵痛，如果不去经历，那么接下来将是长久而又很难忍受的痛。俗话说："牙疼不是病，疼起来真要命。"马云用拔牙来类比企业的改革，可以说是恰到好处。

正是因为能够在演讲中运用各种类比，所以马云的演讲生动形象，让人很好理解。我们应该先学习马云的这种讲话技巧，在演讲和平时说话时都多运用类比的方法。这样，我们的话也会变得生动起来，别人也会更愿意听我们讲话。

演讲时要给听众创造参与感

在演讲时，要想让听众听得入迷，就必须给听众创造出参与感。马云就是一个非常善于在演讲中创造参与感的人，他的演讲总是能让听众联想到自己身上。正是因为马云能在演讲中让听众感同身受，所以他的演讲具有非常强的感染力，让人们听后总是被他的话语深深吸引。

当年阿里巴巴取得了一些成就，马云在讲话中感谢了很多人。

他感谢雅虎中国的搜索团队：

> 我永远忘不了当初雅虎为支持阿里妈妈（隶属阿里巴巴集团，是国内领先的大数据营销平台，拥有阿里巴巴集团的核心商业数据）而专门派往杭州的那些精英团队。可以说，阿里妈妈的后台系统和研发，他们是最早参与其中并起到极大作用的。作为一个面向中小企业的开放透明式网络广告平台，其投放广告的精准匹配程度是核心价值所在，也是广

告主最关心的问题。而这个问题的最佳技术解决手段，自然是搜索。因此，当初的雅虎支持团队确实是帮了阿里妈妈的大忙。

马云在他的讲话中感谢了很多给过阿里巴巴帮助的人，这就给这些被感谢的人带来了很强的参与感。因此，他的讲话是很吸引人的，他不忘记别人的表现，也是令人感动的。

马云在演讲中创造参与感的例子非常多，随便一个演讲，差不多都可以找到。比如在网商大会的演讲中，马云的讲话就有特别强的参与感，让中小企业的人都产生了很强的互动感觉。

我们所有做生意的人希望有一个很好的环境，我们称之为一个生态。其实阿里巴巴想做的是一个生态链。有人说：你们胃口太大了，一会儿做B2B、B2C、物流、支付，听说还要整金融，现在搞出一个操作系统，你们到底想干什么？

我们没想干什么，我们只想为在座的以及在这个外面几千万的网商建一个良好的生态系统，把成本降低，把整个社会的成本降低。只有这样，我们才能发展起来。

马云讲到了阿里巴巴是为了所有中小企业来着想的，是想为大家搭建一个更好的平台。于是，所有的中小企业都会产生很强的参与感。马云极具参与感的话不但能够打动人心，还能让人感到信服。

在谈到阿里巴巴的客服时，马云也用了参与感极强的话语，让听众不会产生任何的排斥心理。

在座所有网商、在淘宝开店的人，其实我要深深表示歉意，我们员工可能在给大家服务过程中不那么好，尤其是我们的客服。但是我去看了我们的客服，对客服人员，我深表敬仰，因为他们拎起电话，每天听见的都是骂人的话，很少有人打个电话来表扬一下。他们每天接受的都是骂人的话，自然会心情不好，而且他们都是23、24岁的人。

因为都是年轻人，年轻人容易从不自信变成自信，然后到自负，到傲慢。我们有这样的趋势，而且这个趋势还存在着，但我们在不断完善。

我也提醒在座所有卖家都必须知道这一点，我们都在往这个方向走，怎样回归到自己？今天的强大，不是你的软件强大，不是你的服务强大，更不是你的创意强大、你的产品强大，而是互联网的强大、网商的强大、买家的强大，是这个社会、这个时代造就了我们现在这样。

马云充分理解了客服的不容易，然后提出了一些要求。马云的话语中有很强的参与感，让每个人感同身受，所以他的话听起来一点也不令人反感。这就是语言中有参与感的强大效果，有了它，不管讲话的内容是什么，都更容易令别人接受。

在讲到阿里巴巴的员工，讲到自己对员工的感谢和感恩，马云也是用参与感极强的话来表达。

“非典”的时候，我们公司被隔离了，600多名员工全部关在家里。因为有一位同事去广东出差回来之后发烧了，然后被判为疑似“非典”。那个时候真的觉得公司要垮下来了，600多名员工，每个人都被社区管着，所有人的饭菜都是从窗口用篮子吊上来的。该怎么办呢？我觉

得一个公司必须要迎接这样的挑战，互联网公司可能是世界上最有机会在面对灾难时在家办公的公司。那时候突然就诞生了强大的企业文化，我们不愿意失败，我们不愿意放弃。

在这样的灾难里，网络是可以发挥作用的。阿里巴巴的全体员工被隔离了8天，但全世界的客户没有一个知道阿里巴巴被隔离了。那时候我们已经有近千万的客户，我们所有人把电脑、网线搬到家里工作，客户打电话给公司的时候，都自动转到员工家里，电话铃一响，拿起来就是："你好，阿里巴巴！"员工的家属们，甚至家里的老人，拿起电话也先说："你好，阿里巴巴！"在8天里，我们没有停止过一分钟的服务。

为了感谢所有的员工，感谢所有的家属，感谢自由和阳光，我们就把5月10日定为阿里日。这一天，所有的人要懂得自由的可贵，感谢所有的家人帮公司渡过了难关。我们在5月10日那一天，在那段隔离的日子，推出了淘宝网。

马云讲的是员工的亲身经历，说出来的是强大的坚持精神，也是企业文化的强大凝聚力，同样也是阿里巴巴那种永不服输的精神。这让每个听到他讲话的员工，都感同身受，有很强的参与感，同时也会感到自豪。

马云的演讲，永远都有特别强的参与感，所以他的话总是能引起听众的共鸣，受到别人的追捧。我们也应该在演讲中多给听众创造参与感，多讲讲和听众有关的话题，这样我们的演讲也将会具有很强的吸引力和感染力。

第8章

自信和敢于表达是会演说的终极秘密

要想学会说话，首先必须要敢于开口，因此，自信和敢于表达是先决条件。实际上，它又是会说话的终极秘密，因为只要有自信，敢于去表达，总会慢慢把口才锻炼出来的。道理很简单，但真正做到又很难。我们需要自我激励，让自信始终伴随在身边，让自己敢于在任何场面说话。

要想会演说，首先要自信

要想会说话，首先一定要有自信，如果没有自信，一切休提。

没有自信，我们就会怀疑自己，而怀疑自己，正是表达的大敌。想一想，如果我们自己都怀疑自己，不知道自己说的内容是对还是错，我们一定不知道该怎么去说，因为我们不知道怎么说才是对的。

让一个成功的人有自信，这并不是一件非常难的事情，因为成功这个硬件条件就摆在那里，人人都可以看见，他自己也知道。但想让一个还没有成功的人有自信，就非常困难了。想让这个没有成功的人，在面对很多人的怀疑时，依旧保持自信，就更难了。

在阿里巴巴还没有特别成功时，在很多人都把他当成骗子，并认为阿里巴巴不可能成功时，马云依旧非常自信。他在说话时不会不知道该怎么去说，因为他坚信自己所认定的事。

在成功之前，人们容易不自信。在成功之后，也有很多会让人不自信的情况，比如当我们畅言未来，当我们讲一些精神层面的，很难找到现实来质证的内容，这种时候，就需要有强大的自信。

比如，马云能把以下的内容说得那么好，就是因为他有足够强大的自信。

香港的机会我自己觉得，我不是来安慰大家，我也没有这个能力安慰大家。我只是告诉大家，今天一定比我15年前有机会，整个社会在发生巨大变化，整个互联网时代，数据时代，仅仅刚刚开始。这个社会正在从IT向DT时代转移。我不是一个学者，我也不是一个经济学家，但是我试图用一个观点来讲，未来30年人类社会的机会。

第一次工业革命，以英国的蒸汽机发明，实际上是释放了人的体能、人的肌肉力量、腿的力量。所以英国把握了这个机会，迅速崛起，英国迅速变得机械化。第一次工业革命诞生了大量工厂，英国打败了西班牙，打败了荷兰，迅速崛起。第二次工业革命以电为主的美国迅速又崛起，迅速变成了制造业的规模化、标准化、流水线、供应链管理、IT，诞生强大的公司机制还是释放人的体能。但是我们现在很多人在问这个问题，高科技每次技术革命是消灭了就业还是创造了就业，其实第一次工业革命、第二次工业革命都创造了无数新型的就业。这次以IT、互联网为主的是彻底释放人的脑袋。

你去想，释放人的体能都搞将近200年，释放脑袋都还没有开始。以前如果是一个制造的年代，今天是一个创造的年代，今天你必须掌握。香港年轻人记住，你今天懂的是你爸根本没有听说过的东西。我父亲跟我辩论了很多时候，我后来发现，我跟我的孩子错了，我老是指导孩子要这样那样，其实我后来发现今天年轻人懂得比我多，只是他不愿意和我争论而已，这是现实。今天在座很多人，除了我们人生阅历和经历比年轻人好以外，我们当然有很了不起的人，但是绝大多数老年人不如年轻人的知识结构。互联网，你估计你昨天再牛，也虚脱了一半。IT革命、数字制造业，所有一切的变化。

今后是什么样的情况，谁也不知道，也很难拿出证据来证明我们口中的未来一定正确。马云讲今后的机会有多大，他需要有很大的自信，相信自己所说的是正确的。

我们要想把话说好，一定先要树立自信。我们先用自己的观点把自己说服，然后才可以开口去把观点讲给别人听。

敢于表达才能学会表达

在有了自信之后，我们还要敢于去表达，这样才能学会说话。有的人可能非常自信，但是在别人面前不敢开口，这怎么能学会说话呢？尤其是在面对很多人的时候，人们更容易胆怯了，可能双腿都开始发抖了，根本不敢去表达。这样表达能力将很难提高。

要想学会说话，只在心里有自信还不够，必须要敢于表达，要有开口把话说出来的勇气。这就像是学英语一样，有不少人学英语，只是写和看，不去说，于是虽然考试的成绩很好，但是口语能力却很差，根本无法用英语和别人交流。越是这样，越不敢开口用英语表达，最后也就学不会用英语表达了。

马云以前当过英语老师，他的英语是通过对话锻炼出来的，不是“纸上谈兵”。马云为了锻炼英语口语，曾经给外国人当过一段时间导游，所以他的英语说得非常好。大概从那时起，他就已经非常敢于用英语表达了。

马云用汉语也是非常敢于表达的。在创业初期，马云到处游说，寻找合作伙伴和投资人。每一次，他都能说一箩筐的话，他的敢于表达在这时候就已经体现得淋漓尽致了。

马云之所以那么会说，和他这种敢于表达的性格是有很大关系的。他强大的说话能力，正是在这种敢于表达的状态下不断锻炼出来的。

马云敢于表达，他心里是怎么想的，他就敢说出来，不藏着掖着。前面说过，马云对年轻人一直非常看好，并在演讲中多次提到要相信年轻人。但是，马云在发现年轻员工的问题时，也不怕得罪员工，敢于把自己的话非常直接地说出来。

马云给在阿里巴巴工作没满三年的新员工写过一篇帖子，里面的一部分内容是这样的：

看了最近内网中各类有意思的讨论，私下里也听了很多老同事对今天新同事特别是那些“80后”“90后”同事们的不理解和不满……前段时间我们讨论了感恩和敬畏之心，当然光有那些是不够的。我们还要有正确做事的方法，特别是做正确事的决心！对今天年轻人的浮躁和做事说话的态度，我深表理解，因为我们都这么年轻过。我觉得今天年轻人的态度我们也有部分责任，因为我们自己没有明确告诉他们，我们阿里做事的方法和态度。

我们是公司，我们用自己的办法和手段在完善这个社会，表达我们对这个世界的热爱。我坚信建设性的破坏要比破坏性的建设对我们这个社会有意义得多。今天的社会能说会道的人很多，能忽悠大家的很多，但真正完善建设的人太少，近百年来我们一直用一种推翻破坏的思想和方法在忽悠人们其实完全不同的未来理想……因为破坏是最容易的！建立任何一个社会也好，公司制度也好，需要的是千锤百炼的努力和完善。中国一直不缺批判思想，中国缺的是一批实实在在干事，做千锤百炼苦活的人。就如公司不缺战略，不缺idea，不缺批判一样，公司其实缺的是把战略做出来的人、把idea变现的人、把批判变建设性完善行动的人！

你可以有不同的观点和意见，我们一定会认真倾听，但不一定会按你说的做，也不一定会给你好脸色，哈哈。因为我们也是人，我们也会生气，是吗？当善意不被理解和尊重时，我们会发脾气，会懊恼，你也会是吗？！但相信我们骂过后会冷静理性下来，反正我经常是那样的。

也许大家会觉得马云很讨厌，很不可爱……呵呵，我不是来求大家喜欢的，我是告诉大家我真实想法的。你可以很讨厌我，但你只要是这么做，绝对不影响我喜欢你，嘿嘿。但你不按这么做，我是会很令你讨厌的！

马云在帖子里对新员工进行了批评，而且这批评其实还是挺重的。如果不是敢于表达的人，可能不会这么直接地把批评公布出去，但马云就是敢这么做。

要想学会表达，我们就一定要学会马云这种敢于表达的精神。敢于表达了，我们早晚能把表达的技巧掌握好。

有自己独特的看法

有自信的人在说话时往往都有自己独特的看法，这正是他们自信的一种体现。马云在讲话时，总是有很多自己独特的看法，这是马云自信的体现，同时也是他的话具有独特魅力的原因所在。

人们总是很向往成功，并对那些成功者不吝使用各种赞美之词。但马云在谈到自己的成功时，却说出了和一般人观点完全不同的看法。

我不敢提“成功”两个字，每次我有成功感觉的时候，麻烦就会来。每次一说“成功”，就一定会在一个月以内出事。我觉得自己是一个非常普通、非常平凡的人，只不过抓住了中国互联网的机遇发展了起来。现在突然看到别人把我当榜样了，我可是一直把别人当榜样的。人家都说你怎么那么厉害，那么伟大，包括今天给我出的这个题目也特别高深——《被时代引领与引领时代》，真的搞大了。我没那么厉害，我只想证明一点，我们这些人能成功，关键是我们想到了就干，并且以自己的方式在干。

刚才南董讲到了如果有一天我成为了比尔·盖茨会怎么样。我一个月前去过比尔·盖茨家，有人指着我对盖茨说，你看，这是中国未来的比尔·盖茨。我一听心里就发虚。我觉得我跟盖茨就一样东西差不多，那就是我们两个人都长得不好看，其他我们差得很远。我不跟比尔·盖茨比谁有钱，因为很难比，但是要跟比尔·盖茨比谁能在本世纪内让更多的人富起来，让这个社会的人因为你的企业而发财，我想至少在中国还是有这个机会的。

我们总习惯于为自己的失败找理由，而不是为自己的成功找方向。我刚才听了南董讲到一点非常好，说我们国企9位领导掌握了2万亿美元资产，但他们觉得个人收入太低。很多人经常埋怨体制，但是他们又不愿意走出来，如果他们到我们公司来，我一定付他们200万元、300万元年薪。我记得当年我当老师时，我们院长说，你马上就能升处长了，到了35岁就可以当正教授了。还真有些诱惑力，但我想想还是得走出来，要不到今天没准也是副局级了。但是，如果你想来想去都是我现在是什么级别的国企领导，这个位置你就会放不下。只有放下昨天已有的东西，才能有新的机会。

马云总是特别有自己的看法，除了对成功有自己独特的看法，对人生的意义也有自己独特的见解。当人们都认为人生应该追求个人的幸福和事业时，马云却讲出了他的独特看法。

人生到了最后，不管你多么出息，不管你多牛，都要去火葬场。不管你多伟大，就像秦始皇一样，在我们中学的课本中也就三行字，你还想多伟大？我们是人，我们来到这个世界体验、经历，要让自己快乐，让别人快乐，让大家快乐。

马云的看法和一般人不同，他更注重经历和过程，在人生这个过程中体验快乐也带给别人快乐。这是他对人生的独特理解，也是他创立阿里巴巴的理念之一。阿里巴巴给中小企业做平台，正像是马云想要带给别人快乐那样，是一种普惠型理念。

马云几乎对任何事情都有自己独到的见解，所以他讲的话也都有独特的看法。马云曾在《赢在中国》做评委，他说出的话也与别人有很大不同。

有几个选手很可爱，讲话很幽默、很搞笑，但不适合晋级。节目组的人说要将他们留下来，这样才有收视率。我说，我应该讲真话，因为我相信这个节目对很多初期创业者，甚至是5~10年的创业者的影响是很大的。如果我在上面忽悠，讲的话不真实，为了搞笑而搞笑，就会害了一代创业者。

马云不受别人的干扰，自己想到什么就说什么，所以他的话才独特，也具有别人的话语所没有的魅力。

当人们普遍认为成功者都很聪明或者很勤奋，马云却表示不是那样，成功是因为他们的团队很傻。

上市前后，我将阿里巴巴5年以上的员工聚集在一起开了个会，我问了他们一个问题。我说，阿里巴巴有这么多百万富翁和千万富翁，在别人眼中，我们很成功。为什么成功？

因为我们比别人勤奋？我看不出来，虽然我们很勤奋，但这个世界上比我们勤奋的人很多。因为我们比别人聪明？我看未必，四五年前我们招员工很难，现在招员工很容易，街上会走路的人都被我们招来了。

我们不勤奋，也不聪明，结果我们这些人都变成了富翁，是什么原因？因为我们的运气好，我们其实很傻。

七八年前，很多人加入了阿里巴巴，一些聪明的人认为公司给的机会很少，被别的公司挖走了，或者自己创业，收入和待遇提高了。剩下的人不聪明，没有人来挖，结果五年以后，回头一看，我们居然变得这么有钱。

马云在大多数时候都有自己独特的看法，他把自己的这些独特看法说出来，听到的人就会觉得耳目一新。因此，马云的话总是能够产生强大的吸引力，让人忍不住想要听下去。

当有些人担心别人不愿意听自己讲话，甚至听自己讲话都能打瞌睡时，马云从来不需要为此担心。原因就在于马云的看法独特，讲出来的话也独特，这种独特本身就是吸引力。

我们应该向马云学习，让自己的话变得独特起来。多从各个角度去思考问题，形成独特的看法，然后讲出独特的话。这样，我们所讲的话也会像马云的讲话那样，让别人很乐意听下去。

即便不被认同，也敢于说出自己的话

不会说话的人，讲出的话很可能不被别人认同，甚至会被别人认为是胡说八道。其实会说话的人也难免会遇到这样的情况，但他们不会灰心丧气，在这些时候也敢于说出自己的话。马云就是这样一个敢说话的人，即便很多人不认同他的观点，他也敢于把自己的话说出来。

马云的想法总是很超前，所以有不少人觉得他的想法不可能实现，甚至还有人会觉得他是一个“疯子”。但即便如此，马云还是敢于说出自己的话。而且，对此他有自己的一套理论。

我记得是《时代》杂志首次把我说成疯子的，批评我的想法不切实际。我当然不觉得自己疯狂，只是与众不同。你看，我没有信口雌黄，我已把所有被誉为“疯狂”的想法实现了！我也跟国外很多管理层交流过，他们不觉得我疯狂，只是因为我做的事不太合乎中国传统习俗的行为和思维模式，中国人反把我当疯子罢了。

不被认同和理解，被别人当成疯子，这对马云来讲已经习惯了。所以，即便是别人不认同，他还是敢于说出他自己想说的话。

从现在起，我们要做一件伟大的事情，我们的B2B将为互联网服务模式带来一次革命！

我们要建成世界上最大的电子商务公司，要进入全球网站排名前10位。

我们要做一个由中国人打造的世界性公司。

马云在说这些话的时候，没有多少人觉得他能够实现，大多数人都不认同他的话，觉得他是在吹牛。然而今天再看这些话，我们的感受就不同了，因为阿里巴巴已经证明了马云说的这些话不是“疯话”，马云的这些话都已经实现了。

敢于说出自己想说的话，说起来简单，可做起来却并不容易，这需要极大的勇气。一般人在大多数人都不认同自己时，就会怀疑自己，即便自己的想法是正确的。马云在说话时有敢于说出自己想法的勇气，这是他勇敢的表现。其实，他的这种勇敢，在做事时也有充分体现。比如当很多人不看好阿里巴巴时，但他也坚持去做，这就是证明。

正是这种无与伦比的勇气，让马云说话时没有顾虑，即便别人不认同，他也敢说。马云能以一种特别达观的态度来看待别人的不理解。

阿里巴巴从成立以来，一直备受质疑。从十几年前我做阿里巴巴的时候一路被骂过来，都说这个东西不可能。不过没关系，我不怕骂，在中国反正别人也骂不过我。

这种近乎自嘲的态度，证明了马云敢于直面不理解和反对的声音的勇气。一般人面对骂声，总是要难过和伤心，但马云却泰然处之。

马云敢说话，除了是勇气的体现，也是他对未来充满信心的缘故。他对于自己所认定的未来，有着十分强大的信心，正是这样的信心，让他敢对未来放出豪言。

当金融危机使得很多企业倒闭时，马云却敢这样说：

我认为，全球金融危机最黑暗的时候已经过去了。最黑暗的时期形成在今年的2月份，最黑暗的时刻应该是奥运会之前的六七月份。就拿一场狂风暴雨来说吧，我们知道，在大风暴来临之前的天是最黑的，然而风暴一旦过去，天就逐渐开始变亮。所以，现在的我们是在一步步走向光明。

马云对未来的信心，让他敢于说出对未来的判断。马云的话不太容易被认同，很多人觉得他说的话是“疯话”。但他的这些“疯话”，用来激励员工效果非常好。因此，马云在给员工讲话时，也特别敢说出自己的“疯狂”想法。

淘宝去年的交易量过了400亿，这么几年的发展，从8亿到169亿再到

433亿，增长是惊人的。但是，淘宝今天还是一个孩子。我的理想，淘宝今年必须完成1000亿，明年要做2000亿，10年以内淘宝要超过沃尔玛全球的量。沃尔玛一年全球卖35000亿人民币，我们今天一年只卖400亿，但是10年以内要超过全球沃尔玛，大家好像觉得不太可能，但是4年以前我们也没想象到2007年能做400多亿。如果不去想，你肯定不会去做。今天人类已经从上个世纪信息为制造业服务，发展到信息为消费者服务，未来的时代不属于沃尔玛，我认为未来的时代属于淘宝。

我还有一个理想，关于淘宝网，希望在我离开这个世界之前，我能看到淘宝网一年的交易量突破10万亿人民币。10万亿是什么概念？2006年全中国零售总额加起来是7.6万亿，10万亿是很艰难的一个数字，但是我想如果我们努力还做得到。

马云的10万亿人民币的交易量想法，可以说是很“疯狂”了。马云总是用这样“疯狂”的话语，来激励阿里巴巴的员工，同时也激励他自己。因此，阿里巴巴才能总是将人们眼中的“不可能”，变成一个又一个的现实。

即便不被认同，也要敢于说出自己的话，这是勇气，也是自信，同时还是对自己的鞭策。我们要向马云学习，做个敢于说话的人，也要学习他的执行力，做个能够实现自己“疯话”的人。

用坚定的语气来展现自信

为了把话说好，我们需要有足够的自信。但是，只是我们自己有自信还不够，我们还应该用我们的语言，把这种自信传达给听者，用我们的自信感染他们。这样一来，我们的自信才算是起到了应有的效果。怎样才能将我们的自信传达给听者呢？有一个很好的方法，就是用坚定的语气将自信展现出来。

当我们充满自信的时候，我们说话时就会比较有底气，所以表现出来的语气就是坚定的。而当我们没有自信时，我们可能迟疑不定，语气也就不会那么坚定。这个道理大家都知道，因此别人会通过我们的语气，来判断我们是不是有自信。

但是有的人可能在平时说话时，本身就显得不是那么坚定，或者语气的坚定程度还不足以让别人感觉到自信。这时，就必须有意识地让自己的语气变得更加坚定，否则就可能会让别人误以为不自信。

马云在讲话时，语气总是非常坚定。他几乎从来没有模棱两可的回答，也不会就一个问题泛泛而谈，他总是会用非常坚定的语气，十分鲜明地说出自己的观点，表明自己的立场。一般只要是他说了一个问题，人们立马就知道他表达的是“是”还是“否”，很少会有不清楚的时候。

马云说话语气坚定这个特点，不但容易让别人对他产生信任，而且也让他的很多观点显得非常吸引眼球。他不会告诉你这个事情很难说，他会明确告诉你对或者错。这些观点有的时候可能会显得有些偏激，但也正因如此，更能引起人们的注意。而且，马云会在接下来的阐述中，对他的观点进行解释和加工，让他的观点变得更加完善，偏激感也就没有了。

每一次技术的革命都是靠后面30年的时间真正发展起来。这一次互联网的变革远远超过大家的想象，但我们没有完全做好准备。这一轮的20~30年，层出不穷的企业会起来，层出不穷的企业会倒下去。第一次技术革命释放的是人的力量，第二次是释放了人的持久发展能力。技术革命带来的是公司，这一次技术革命带来的现象是农民和低收入人群的手机普及率达到90%。人类在进入互联网时代几十年的数据收集信息沉淀，已经超过过去几千年的收集总汇，这一次很可怕，带来的是智慧的变化、人脑的变化，生物科技、大数据、云计算、人类健康要求。在DT时代，所有的企业都是透明的都是分享的，所有的企业都必须与众不同。如果不是一个一切以消费者为驱动，围绕着消费者需求去转的企业，很难生存下去。

未来世界不会建立在规模经济、权势和金钱的基础上，而是建立在知识、智慧和创新的基础上，任何东西有前瞻性才有意义。今天许多企业争取解决的是今天的问题、昨天的问题，而不是考虑如何解决明天的问题。我希望大家能够站在前瞻性这个角度去思考，假设你在10年前，有什么事让你觉得做了会不一样，那么同样的，如今企业必须去做什么事情，才能在10年以后活得更好。

马云在讲述未来这种充满不确定因素的内容时，也能说得非常坚定，让人感觉他就像是早已看到了未来一样。正是这种坚定的语气，让他的话显得信心十足，也令人信服。

做企业的领导人需要魄力，讲话也是如此。或者，正因为马云很有魄力，所以他才能做到在讲话时语气那么坚定。他坚定的语气，让人愿意去相信他。

我们应该学习马云说话时的这种语气，努力让我们的语气更加坚定，展现给别人更强大的自信。这样一来，我们的讲话就会有更强的感染力，也更容易被人相信。

附录

演讲改变命运：我的故事

演讲是一种非常重要的能力，它能让一个人更加自信，也能让一个人放开自己去接纳世界。每个人都应该去学演讲，每个人都应该会演讲，尤其是在这个自媒体盛行的时代。演讲改变了我的命运，相信它同样也能改变你的命运。

在困境中疯狂学英语演讲

没有人天生就会演讲，那些能够做好演讲的人，往往都是通过学习掌握演讲的技巧，并将“讲话”变成一种能够产生强大影响力的事情——演讲。

我现在的演讲能力还可以，别人觉得我是一个非常擅长演讲的人，但我并不是天生就有一副好口才。我的家乡在湖南邵阳，我是一个非常普通的“小女子”，我的童年没有太多幸运，和普通人相比甚至可以说是十分可怜的。

在我生活的那个小山村里，人们的观念非常传统落后，很重男轻女。从我出生那一刻起，就给母亲带来了很大的压力，每次母亲说起这件事，都会觉得非常伤心，不住地流眼泪，常常是把眼睛哭得都肿了。看到母亲流眼泪，我的心里总是非常难过，我希望能帮母亲分担痛苦，更希望她能不再痛苦。

为了满足对养儿子的期待，母亲给我改了名字。在我五岁的时候，母亲瞒着家里人，偷偷到派出所给我改了名字。这“伟英”两字，是“伟大的伟，英雄的英”，母亲想让我长大以后能够像个男孩子那样，成为非常优秀的人。在母亲的心中，女孩子一样可成为伟大的英雄，能够闯出一片天地，做大事业，出人头地。

我的童年过得非常贫困，和大多数山里的孩子一样，生活条件很不好。那时候，我家没有多少田地，我经常看到父亲捕鱼和抓田鸡回来。但是，这些东西我们自己是从来不吃的，因为还要拿出去卖掉。我看到父亲把这些东西拿出去卖，回来都会带很多很多的地瓜，一家人就吃地瓜生活。

我经常告诉别人我小时候吃地瓜的事情：“小时候我讨厌吃地瓜，记得有一次我哭着闹着不吃地瓜，我妈妈流下伤心的眼泪，对我说了一句话：‘伟英不哭，明天妈妈给你做饭。’可是这一天就是好几年，每天吃的除了地瓜就是稀饭，或许我已经习惯了……”

在很多人的眼里，或许会觉得过去的我是幸福的。是的，我从来没有觉得我不幸，因为我有一个伟大的母亲，母亲从小就在我心里种下了一颗渴望成功的种子！

坚定的信念，决定了我的未来。每一次遇到挫折，我都会想起我伟大的母亲，想起母亲对我说的那些话，我虽然是一个女儿身，但我一样可以成功！

进入大学的第一天，我就告诉自己：我不是来上大学的，我是来为了自己的未来拼搏的！

在学校的时候，经过努力学习，很幸运的是，我拿到了学校的一等奖学金1500元。同时，在大二那年，我创办了英语培训班，最疯狂的时候，一天招生58人。我收到了在校创业的第一桶金11600元，那天我真的很开心、很兴奋。但是，这股高兴劲儿并没有维持多久。五天之后，下午四点半，那是我一辈子都不会忘记的时间。

我很兴奋地给母亲打电话，想要孝顺一下辛苦的母亲，准备给母亲打钱。但是，那些话还没说出口，我就听到母亲撕心裂肺的哭声。我那时几乎快晕过去，不知道家里发生了什么，不知道母亲为什么会哭成那个样子。

母亲很久都说不出话，过了几分钟，我听到母亲哭着说："伟英，妈妈对不起你，对不起你们姐弟，更对不起这个家，有件事情要告诉你……我和你爸……和你爸爸离婚了……"

我听完，顿时哭了起来。我有些神志不清地问母亲："妈！为什么？为什么会是这样？你们为什么要这样？"我当时就感觉，家碎了，心也碎了！幸福哪去了，我感到非常迷茫！

行李都来不及好好收拾一下，我匆匆赶到了车站，却已经没有当天的车。但是，我一定要回家，越快越好。我就等在候车室里，整整一晚没睡觉，期盼赶快天亮！第二天早上，我买到了最早的回家的车票，直奔家里。

当我找到母亲时，母亲已经搬进了别人家的地下室。我无法相信眼前看到的人就是自己曾经体面的母亲，她显得特别憔悴，似乎一下子老了很多，看起来像是一个已经50岁的大婶。我心如刀绞，冲上去抱住母亲，哭着告诉她：“妈，等我，我一定让您过上好日子！”

当我找到父亲时，发现面前的父亲已经不是过去坚强的硬汉，一夜白头的父亲剩下的只有唏嘘。我不知道该说什么，也不知道家里发生了什么，可是当时在我的心里，已经不想知道发生了什么，因为那都已经不再重要。

从那时起，我已经忘了自己是个女人，心里就只有一个坚定的信念：“一定要改变自己，一定要出人头地，还爸爸妈妈一个幸福的家！”

大学四年很快就过去了。毕业之后，处在困境当中的我想要学演讲，我想通过演讲来改变自己的命运。于是，我就拜李阳老师为师，去学习疯狂英语，让自己变成一个能说也会说的人。

不过，我的记忆力很不好，别人很轻松就能背下来的内容，我却总是很难背下来。既然先天条件不是很好，那么就要通过努力来弥补。在跟李阳老师学习时，我是所有人当中学得最卖力的那个，因为我必须要学会，只有这样，我才能让自己从困境中走出来。别人或许只是一时的兴趣，而我不一样，我是要改变自己的命运。所以，我每天早上五点就起床，然后到最高的教学楼的楼顶上去背，从来不觉得累。

我的目标非常明确，所以非常有毅力，也非常有决心。在我背诵的时候，一个单词、一句引言都不会放过。就这样子每天持续地背，比别人付出了更多的努力，终于在最后，我成为了冠军，成为了那个英语冠军。

在困境当中，我没有意志消沉，更没有破罐子破摔。相反，我能够下定决心，并一直坚持下去。我想，这是我能跟李阳学会疯狂英语演讲的关键，也是我用演讲改变自己命运的开始。因此，我把我的经验分享给大家，希望大家也能在困境中坚定信念，在困境中保持希望，并通过努力让自己崛起。

充足准备：台上一分钟，台下用苦功

学演讲不是一朝一夕的事情，正如演员“台上一分钟，台下十年功”一样，演讲也是要不断积淀，做好充足的准备，台上一分钟，台下必须用苦功。

我在学会演讲之前，其实并不是很会说话，不能像天生就“嘴皮子利索”的人那样，仿佛本能似的就可以赢得别人的好感。我之所以能把演讲做得特别好，在台上看起来从容自若，同时讲出来的话让别人非常爱听，原因就在于我在台下用了苦功。我的准备非常充分了，上了台以后心里就有底、不慌，表现得非常好。

我去学演讲的时候，有很多学生都去学，大概有几千名学生，而我是所有人里面资历最差的。我没有任何的人脉背景，也没有任何大企业的背景、大团队的背景，我只是一个服装店的老板娘。我长得也不是最漂亮的。所以，我的内心其实是自卑的，我不知道怎样才能成为老师最优秀的学生，也不知道如何才能学会演讲。只是，这些话我只会闷在心里。当时，我常常想，如果能够跟随在老师的身边，让老师亲自来教我，那该有多好啊！所以，为了争取到这个让老师亲自教的机会，我把自己身上所有的钱花光了，而且我觉得我的钱花得非常值。

有一次，为了在拍卖的时候买到老师的一本书籍，我把身上所有的钱都拿出来。当时，所有的人都争相去买老师那本还没有出版的书。不过，在竞拍的时候，所有人出价都不是特别高，也就拍个1000元、2000元、3000元，再高的价格就没有人愿意出了。但是，我为了给自己创造一个故事，也为了能够让老师注意到我，并有机会走到老师的身边，得到老师栽培的机会，我一出手就拍了6万元。这对于别人来说，相当于是天价。我让众人对我刮目相看，也成功地让老师注意到了自己。

后来想一想，其实不管我当时出了多少钱，我们可以撇开金钱来看。当时，我表现出来的那种舍得投资和花钱的豪气，以及这背后所体现出来的决心，都是非常可贵的。当时老师就觉得我非常有魄力，认为我是个能有成就的人。老师跟我说："我看重的不是你的钱，我看重的是你这一份决心。既然你有这么大的决心，有这么大的魄力，并且你那么大气、舍得，那么我就决定栽培你。"

就这样，我从几千个企业家里面脱颖而出。就是从那天开始，老师让我去背主持稿。而我也非常配合，老师让做什么，我就去做什么。现在看来，其实这是我能够成功学会演讲的关键。有些人在学习时，对老师的话很怀疑，甚至去质疑自己的老师，这其实是不可取的。如果你不相信一个老师，那么你可以一开始就别跟这个老师学习，如果你决定了跟老师学，就要放开自己的内心，去接受而不是抵触。

我能够将姿态放得非常低，没有一点抵触心理，对老师言听计从，所以我能吸纳老师的所有知识，让自己迅速学到更多的内容。

如果要问为什么我有机会在众多的学生里面脱颖而出，得到老师栽培的机会，那么只有一个答案，就是我当时表现出来的样子，让老师觉得我这个人有非常大的决心。和别人相比，为了学会演讲，我可以舍弃掉所有的身外之物，我可以付出别人无法付出的努力和心血。

当我不知道如何演讲的时候，我没有自暴自弃，也没有畏惧艰难，我就从头开始，一点一点用心地去学习。一开始，我觉得每个老师的演讲都很好，所以，我就学习每个老师的演讲技巧。后来我才发现，实际上每个老师的演讲风格都不一样，如果都学，我就会越学越乱。所以，从那个时候开始，我就明白了一个道理：不能乱学，只能向一个老师学习，等自己学精通了，再去举一反三，再去吸收其他老师的精华。于是，我就只跟随一个老师学习演讲。

我在刚刚学演讲的时候，是没有场地的，没有人愿意给我这个技能还不娴熟的人一个演讲的舞台。但我的决心很大，这难不倒我。我就每天早上早早起床，然后去菜市场演讲。

菜市场那里有个小台阶，虽然很简陋，但那里就是我的一个“小舞台”，我就在那个舞台上开讲。开始的时候，我其实也害羞。到后来，就豁出去了，如果自己不练好的话，那么没有人会给我舞台。我就对着菜市场那些人讲。不管讲的内容是什么，这是我敢于突破自己的一种演讲经验。

再后来，菜市场待不下去了，我又到一个湖边去讲。为了提高自己声音的音量、分贝，还有提升感染力、穿透力，我就在湖边上对着湖面演讲。我当时给自己提出的要求是：演讲的声音要让湖对面的所有人都听到。有了目标之后，我就开始对着湖练练练、讲讲讲，最后我的声音分贝都提高了。

虽然声音可以了，但是我还不知道如何和别人互动，也不知道别人对自己有没有感觉。那怎么办呢？我就去公园演讲，我对着那些过路的人演讲。我会去问人家，你说这样子好还是不好？你说这样子对还是不对？你怎么看呢？

作为一个演讲家，你不仅要会讲，还要会演。我每天对着不同的人去讲，对不同的人去演。就是这样不断地锻炼，到最后，别人怎么看我，我已经无所谓了，反正自己练会了演讲技能。到后来，不管面对什么样的人，老的少的、脾气好的脾气坏的，我基本都能掌握分寸，知道如何演讲能让人家高兴。

后来，我又让弟弟来评判我的水平。我弟弟从来没有听过我演讲，也没有听过别人演讲，对于演讲的相关内容完全是陌生的。我把自己的故事撰写出来，让弟弟听我讲。我把握住自己的语音、语调、面部表情、肢体动作，有时候伤心、有时候快乐……我弟弟听着我讲，看着我又是哭又是笑，不但有故事情节，还有各种动作、语调的变化。我弟弟被我感动了，觉得我讲得太好了，感染力非常强。

在学习演讲的过程中，几乎所有人都是打击我的，所有人都说我不行，

没有人相信我能够成功。但是，我不会这样就放弃自己，我也没有气馁，我就一直像个傻子一样地去坚持，付出比别人更多的努力。没有人给我演讲的场地，我就自己去约场。我还自己主动地刷卡成为别人的会员，报别人的单，然后专门刷那些大团队的卡。报了那些大团队的单以后，我就去给人家演讲、演讲、演讲。

到最后，我终于能够登上大舞台，终于能够去和我那些一起成长的朋友、同学去PK。当我站上舞台，当我在演讲中表现得从容不迫，甚至异常精彩的时候，曾经嘲笑过我的所有人都惊呆了。他们觉得我讲得太好了，比所有人都好。我没有舞台，也不是重点培养对象，但是我却取得了最大的成功。

演讲不是想出来的，是练出来的。台上一分钟，台下一定要用苦功。我能够一直坚持去练习，没有舞台也要去练习，在台下花费比别人更多的时间去努力练习，做足了准备，所以我能够融会贯通，在演讲时得到大家的认可，取得成功。

用演讲点燃自己，激励别人

演讲是一门打动他人的语言艺术，要打动别人，首先必须打动自己。想要让自己的演讲更有魅力，就必须充满激情，用激情澎湃的演讲点燃自己，也点燃别人、激励别人。

我在演讲的时候，是完全忘记了自己的。我会把全身心都投入到演讲当中，用演讲升华自己的情感，同时用演讲点燃自己和他人，激励自己和他人。

只要一登上演讲的舞台，我就没有了自我的感觉，就完全忘了自己，心中只有一个信念——全力以赴把演讲做好。我心中只有一个点，一个核心的点，就是不管站在什么样的舞台，不管下面听演讲的是什么样的人，是多少人，是5人、10人，还是100人、1000人、10000人，我都只记住把自己的演讲做好，把自己讲出来。

我用演讲来点燃自己的生命，在舞台上全力以赴地绽放自己，从开始到结束，完全忘我、无我。我用自己的生命去点燃演讲，用这样的演讲点燃自己，同时也点燃别人。

有些人的演讲，讲完了就讲完了，听众反应不强烈，听完就走了，取得的效果不是很好。但是你去问听众，听众可能觉得讲得很好。但是，虽然听众觉得讲得很好，可就是没有那种发自内心的强烈的共鸣感，成交的结果也不理想。

我演讲的时候，讲完之后效果非常好。听众不但觉得我讲得好，还能和我产生共鸣，觉得我就是他们的知音，觉得我整个人都是闪着光芒的，觉得我是一个可亲可敬的人。所以，一场演讲听下来，听众就完全接受了我这个人，然后成交的结果也非常好。

为什么那么多人演讲，我的成交结果能比别人的好？就是因为我的演讲非常有感染力，我会特别注意用自己的激情点燃他人。

当我第一次站上现在的舞台，其实我的演讲就已经很有感染力了。原因不在于我当时的演讲技巧有多么成熟，而在于我讲的内容，都是我自己的亲身经历，是我以前所说的、所做的。我把自己是怎么练习演讲的，然后怎么去对接外场的，怎么去刷别人的卡，又如何取得今天的成就，这些都讲出来。我讲自己真实的故事，感染力立即就有了。我甚至都不需要太多的技巧，因为真实的故事天然就有着非常强的感染力。

我是自己一步一步学好演讲的，我就是这样子拼出来的，所以呢，我的故事就非常有感染力。我不是通过去背别人的稿子来做演讲，我讲的内容都是自己的经历和感受。我从别人那里学来的，是演讲的框架，讲的内容却是自己的。正因如此，我的演讲一出来，别人总是感觉声情并茂，蕴含着十分真挚和充沛的情感，感染力就特别强。

我在演讲时讲述自己的经历，感染力总是会特别强。那么，具体来说，用演讲点燃自己，激励别人，要注意哪些点呢？简单来说有三点需要注意：

一、有好的演讲稿

一个演讲好不好，和演讲稿有非常重要的关系。演讲稿对演讲的好坏，能起到大概50%的作用。如果让一个非常会演讲的人，去讲一篇逻辑混乱、让人听起来不知所云的演讲稿，即便他的演讲技巧很强，他大概也很难点燃听众的激情。相反，如果让一个不会演讲的人，去念一篇很好的演讲稿，演讲稿会给他加很多分，即便他说话并不流利，也可以调动听众的激情。

为了让演讲稿更有激情，你必须给演讲稿注入情感，并且让情感有高潮。为此，可以多使用一些排比句、感叹句、反问句等，来增强气势，强化情感。另外，多在演讲稿中加一些比较有说服力、对比强烈的事实，这样不但能够增强可信度，同时也能点燃听众的激情。比如，一个厂家从困境中走出来，产品的销量数字一开始是多少，后来变成了多少，产生了一种销量上的飞跃。

二、感情投入

人在讲话时，有感情和没有感情，感染的力度会有天壤之别。原因在于，人们在听别人讲话时，不只是听内容，人们通常会在听的同时看表情、动作，关注语气和语调。演讲者在台上演讲，不只是用嘴来说，他整个人其实都是在说，都是在表达自己。

在演讲时，要有感情投入，把自己带入到演讲稿中，把自己变成演讲稿中的主人公、亲历者。用充满期望的语气给听众希望，用激昂的语调来表达激情，用低沉的声音来寄托惆怅，你的声音就有了生命，具有撼动人心的力量。

不仅声音要有感情，肢体动作也要配合。首先，你要穿着得体、行为得当，用合适的仪表和姿态给听众一个好的感受；其次，你要用合理的肢体动作，来配合演讲的内容，增强感染力。

还有一个非常重要的表情，就是眼神交流。多和听众进行眼神交流，别怯生生地不敢看人。面对众多的人，和面对一个人其实是差不多的，视线要和听众碰出火花，让他们觉得你注意到他们了，才能点燃他们的激情。

将自己全部的身心投入到演讲当中，点燃并燃烧自己，才能引燃听众，并激励他们。如果只是以一个局外人的身份来讲述，演讲会显得苍白无力，自己都不会有太多的激情，更难以点燃听众的激情。

三、旁若无人

在演讲时，演讲者面对的是听众，为什么要旁若无人呢？可能你会觉得这一条很难理解。其实，如果关注演讲的本质，你就会发现这一条非常合理。

演讲的本质，其实是将自己的一些想法和观念传递给听众，通过一些案例、情感的渲染，让听众更好地理解和接受这些想法和观念。听众的反馈很重要，但更核心的是，你自己要有自己的想法，要有“主心骨”，不能被听众左右。

有些演讲者在演讲时很注意听众的感受，但是，最后容易被听众带偏，无法左右演讲的进展情况。一个优秀的演讲者，他的“控场”能力一定是非常强的，他会注意到听众的反应，也给出一些反馈，但他不会被听众带偏。他会旁若无人地按照自己演讲的进程来展开演讲，对自己充满信心，将自己完美地展现给听众。

演讲的舞台是容不得不自信的地方，不自信会让你显得不专业、没有权威性，你也就不具有感染力，无法点燃听众的激情。一个好的演讲者，一定要去“控场”，要非常权威、旁若无人。这样，哪怕是有一些人怀疑你所讲的话，他们也会被你的强大气场所感染，而你也不会被一些质疑的声音扰乱思路。

创业失败，放下一切去学招商

我一开始去做招商，想要在这方面重新创业，但是失败了。我这才发现，招商和普通的演讲不一样，普通的演讲方式并不能在招商时取得理想的效果。我受到了很大的打击，但是我没有气馁，而是放下一切，把自己“归零”，回归初始的心态，从头开始学习招商。

我的演讲做得已经很好了，我就开始去做招商，想在这方面创业。但是，我把这件事想简单了，招商并没有想象中那么容易。

招商不但失败了，而且还要遭受主办方的质疑和敌视，这是任谁都难以接受的事。这件事对我的打击非常大，也让我感到特别伤心。但这还不算完，后来甚至整个公司都出了通告，说以后自己公司这边的人，不准任何人再让我做招商演讲了，否则就要接受严厉的惩罚。这个通告产生的作用非常大，不仅公司没有人再敢让我做招商演讲了，就连全国各地的其他企业，都知道了这件事。

对我来说，我简直就是遇到了天大的麻烦，这对我以后在招商方面发展，产生了极为不利的影响。但是，更重要的是，这件事对我心理上的打击很大，如果我因此而失去了自信，我就真的很难再爬起来了。如果是一般人，可能会心灰意冷，没有勇气再在招商的路上发展。好在我意志非常坚定，我从小就已经习惯了困难和挫折，我不怕，再大的打击我都不怕，再大的困难都无法将我吓倒。这或许是我比一般人强的地方，也是我成功的关键。

当时的处境非常糟糕，我可以说是被主办方给害惨了。就因为招商没有拿到好的结果，被主办方施加的压力搞得非常受伤，无论是心理上还是工作上。而回到公司之后，公司又来了一个“通缉令”，这更是让我的处境雪上加霜。

对我来说，这应该算得上是人生最黑暗的阶段之一了，我没有想到原来演讲和招商是那么的不一样。我也没有想到，现实居然那么残酷，当我那么努力将演讲做好的时候，自以为已经可以通过演讲技巧把招商做好的时候，却会遭到这么残酷的打击。

我把自己关在家里，谁都不见，我想了很多。我总结了自己以往的经历，从中吸取教训，我深深地悟到了一个道理，就是不管是做演讲，还是去招商，都一定以拿到好的结果为目标。演讲的时候不能只是为了演讲而演讲，不是自己想讲什么就漫无目的地去讲什么，要想自己想要达到的效果是什么，然后根据这个目标去定要讲的内容。招商也是如此，不是自己想讲什么就讲什么，要看主办方想要什么，商家想要的是什么，然后就讲什么，以拿到好的结果为目标。有了目标，讲的时候才有正确的侧重点，才能拿到好的结果。

我当时所表现出来的强大信念，现在想想都觉得非常自豪。在那样的失败过后，我并没有失去勇气，也没有放弃自己。虽然内心受到了严重的打击，但我没有就此沉沦，我还是不断地去提升自己。

危机就是转机，那公司虽然给我关闭了一扇窗，但是，我还是相信，只要自己坚强地去面对，就能够打开另一扇门。我继续修炼自己，觉得差不多了以后，我还是鼓起勇气去外场，去给别人做演讲、招商，一步一步慢慢来。

后来，经过一番努力之后，我悟到了另一个道理：要先去真正地相信自己，然后才能帮助到别人，赋予别人能量。自己一定要有特别强大的信心，然后再去帮助别人，想别人所想，痛别人所痛，站在别人的立场上用心地感受别人的感受，才能把招商工作做好。

在招商的过程中，还要修炼自己的那颗心。我平时其实就是在修炼，因为我的生活里本来就充满了各种各样的打击、失败，还要面对别人的嘲笑和来自外界环境的各种压迫感。我必须不断强化自己的信念，去和别人的眼光、外界的环境斗争。

刚开始，在我的观念当中，或者说所有人都在给我注入一个观念，就是你不行，你只能跟着师父学，跟着师兄师姐去学，只能模仿别人，做自己和创新都是行不通的，因为你不行。在这样的观念下，我就一直很自卑，虽然我自己当时真的已经算是很厉害了，但是我并不觉得自己有什么厉害的。当我在老师的面前，在别人的面前时，我总是无法自信起来，放不开自己，也打不开自己。

当我终于懂得了“要想做好招商，一定要先对自己有足够的信心”这个道理之后，我开始寻找自己的信心，最终充满了自信。在那一刻开始，我放下了过去的一切想法，清空自己的思想，摒弃所有的成见，也摒弃所有的欲望，我的心中只剩下一件事——把招商做好。

成见、杂念、欲望，身边所有的一切东西，都不重要了，全都放下。我不再在乎别人怎么看自己、怎么对待自己，我放下所有的杂念，只关心内心深处想做的事。然后，我开始相信自己。当我相信自己以后，我在教育培训行业沉淀的所有概念的东西，全部都像喷薄的火山一样爆发了出来。所有老师身上所需要的能力，所有企业家需要的思想和信念，那一刻我通通都悟到了。就在那一瞬间，我突然融会贯通，自然而然地形成了自己的风格和体系。我终于从量变达到了质变，化茧成蝶。

我在教育培训的三年里，一直在忍辱，一直在精进，不管遇到多少困难、多少屈辱，我都一直咬着牙扛了下来。我一直在提升自己，提升自己的能力，提升自己的能量，提升自己的学识和演讲水平。在这三年里，我一直秉承的一个信念，就是不忘初心、决不放弃。

就算一直在忍受屈辱，一直在遭遇失败，我从来没有放弃过。当一开始遭受惨痛的失败，我还能够不气馁，并放下一切去学招商。其实，我随时都能够放下一切去专心做某件事。正因为我有敢于放下一切从头开始的信念和决心，所以我才能成功。

会演讲的人不一定会招商

当我自认演讲水平已经很好了，想要去做招商时，我忽略了一个问题——会演讲的人不一定会招商，所以我遭遇了失败，尝到了教训。

其实，很多人一开始都会产生和我一样的想法，原因在于演讲和招商看起来都是在“耍嘴皮子”，只要能说会道就行了。但是，演讲和招商却有很大的区别。做演讲，只要能够激励人，用自己的热情点燃别人，就可以了。对于招商来说，只点燃别人是不够的，还需要能够解决别人的实际问题。如果只是点燃了别人，却不能解决别人的实际问题，就只能暂时点燃别人的热情，转眼就被现实的冷水浇灭。只有真正解决了实际问题，这热情才能够持续下去，才能让招商有效果。

我在学会了演讲之后，觉得自己的演讲很有感染力了，用自己的演讲方法来做招商应该没有问题。于是，我开始用做演讲的方法来做招商，结果收到的效果很不好，把招商做砸了，还遭遇了很大的困境。我被现实打击到了，就像是被人当头棒喝了一下。我开始反思自己，也思考演讲和招商的关系。经过一番思考之后，我才明白，演讲和招商本质上是不同的，会演讲的人虽然在台上能够挥洒自如，但没有了解招商的要点之前，根本不可能做好招商。想通之后，我开始在招商的技巧方面下苦功，终于学会了做招商。

在招商的时候，我突破了自己，把演讲和招商结合起来，取得了非常好的效果，也能够拿到好的招商结果。我把招商和演讲结合起来之后，将招商的项目和演讲糅到了一起，让演讲为招商服务，把招商的项目明细结合到演讲里，讲得非常到位和吸引人。

其实，招商和演讲的区别在于：

招商是非常理性的一种行为，如果你不能给出足够的条件和理由，别人一般不愿意听你的，不会去成交；演讲则是感性的，当你把气氛烘托到了一定的水平，听众就会被你打动，在情绪上跟着你走，愿意相信你所讲的。

直接把招商和演讲结合是不行的，得使用一些技巧。我在懂得了招商的道理之后，把招商和演讲科学地结合在一起。我通常会先用演讲把听众的热情调动起来，让听众在演讲的过程里面，喜欢我、爱上我。在演讲的过程中，听众对我逐渐产生了信任，然后这些听众就打开了自己的心门。他们打开了心门，完全接纳了我，也就愿意放下自己的身份，成为我的客户。

我在招商时的方法很有效。我在上半场把所有人的心门打开，先通过演讲把自己“卖”出去，然后，他们的思维就开始跟着我走，让大家认可和接纳我。这时候，招商的时机就成熟了，我就把项目嫁接进去，糅进自己的话语当中。于是，在无形当中，所有人就都接受了，认可这个项目。

往往在最后，当我的招商到了成交的时候，所有人都会冲上台来买单。因为在这之前，所有人都已经沉浸在我所营造的氛围当中，所有人都已经相信我，也相信我说的产品。所以我在招商时，有时候并不需要讲太多，稍微讲解一部分这个产品或者项目的优势，穿插进去讲一下，就已经能取得非常好的效果了。

有时候，我觉得效果还没有达到，就在招商时再多讲一点，比如再放几个客户的案例上去，讲一讲这些客户是怎么赚到钱的。这些案例有可能非常简单，但是非常具有代表性，所以说服力非常强。于是，整个过程就显得很简单。别人一看，这么简单就能达到成交，觉得很神奇。其实就是非常简单，因为我已经把演讲和招商成功结合到了一起，把核心的事情做好了，成交也就水到渠成了。

现场的呈现和体现是非常重要的，它会影响到别人的整体感受和判断。自己的体现、团队的体现，都非常重要。做招商，一定要在现场有好的呈现和体现，这样才能有强大的说服力。

因为所有的客户见到这个项目有这么棒的老师，他们就都对这个项目充满信心。其实，在现在这个社会上，不缺好的项目，但是缺非常好的营招团队。在当今有太多好的项目，但是，没有多少人能遇到这么好的团队去帮他卖。团队不能让客户认可，客户就难以产生信任感。

会演讲的人不一定会招商，招商和演讲有不同的方法和技巧。我把演讲和招商糅到一起，既有感人的热情，又能真正解决问题以达到成交的核心点。因此，我把招商做好了，做得比一般人都要好。你如果能这样做，你的招商演讲也会做得非常好。

疯狂努力，每次招商演讲必须拿到结果

招商演讲不同于其他的演讲，应该是以拿到结果为目的，如果拿不到结果，演讲的过程再激动人心，也全都是白费力气。因此，做招商演讲，一定要认准了这一点，然后疯狂努力，必须拿到结果。

我在刚开始接触招商时，把招商当成了普通的演讲，没有注意到拿到结果的重要性。正因如此，最初我没能把招商做好。我虽然用自己的演讲打动了别人，但是无法达到成交目的。等我明白了每次招商演讲都必须要以拿到结果为目标之后，我在招商时努力的方向就对了，语言也向力求拿到结果的方向靠拢，最终取得了好的成效。

在招商演讲时，如果只是讲得热血沸腾，却没有具体的方法，就会让人觉得你讲的那些都是空谈，无法落实。相反的，即便没有太多的热血和激情的话语，如果能够把赚钱的思路和方法说明白，让别人觉得你的这个想法可以落地执行，他们也愿意跟你合作。

当然，如果再有激情澎湃的语言来烘托，就是锦上添花，结局会更加完美，合作的人也会更多。但是，核心的关键点一定要搞清楚，是方法而非单纯的激情。激情能够让人头脑一热做出一些判断，产生一些行为，但是等人冷静下来之后，等激情退去之后，他们的想法可能就会改变。但是，具体的执行方法如果说清楚了，别人的想法就不会改变，即便激情已经消失了，想法也不会轻易改变。因此，方法才是核心，拥有能够落地执行的方案才是关键。

联优文具是一家做文具的公司。因为做文具行业的龙头型企业很多，比如晨光、得力等，都是它的竞争对手，而且影响力都比它强。联优文具的代理商都是散户，黏度不高。联优文具就想通过一场招商会，把这些客户锁定。

这样的招商会，一定是以拿到结果为目的，这在招商演讲之前就必须十分清楚。我来到联优文具公司，先做会前走访，了解了公司的情况之后，再分析怎样才能让客户觉得和它合作有前途，能够赚到钱，并罗列出一些具体的合作方法和事项来。

到了招商会那一天，现场的情况不是很好，只来了80家代理商。只有预期的一半。只要能够做好招商演讲，还是有机会“翻盘”的。

在以前，联优文具的优惠方案并不多，代理商得不到太多的实惠。为了能够拿到更好的招商结果，我帮联优文具公司调整了策略。我让联优文具把它自己现有的一些产品，作为附加值来赠送，送给那些订货的代理商。

另外，联优文具以前都是要收全款的，这个策略也进行了调整，可以先收订金，不一定非要全款。根据不同的付款方案，会有不同的优惠方案。订金交得越多，送出的礼物价值越高，直接全款的，送的礼物价值更高。

有了给代理商送礼物的附加值，将以前的一些车、手机等礼品调过来，作为附加值赠送。代理商订购多少，我就送你多少礼物。再加上改变了收全款和收现金的收款方式，只收订金，甚至只收一部分订金。这让代理商都感到非常欣喜，非常愿意和联优文具公司合作。

结果，虽然招商会的现场只来了80个代理商，但是现场直接就成交了485万元。由于成交的额度超过了预期，刷卡机都刷爆了。等到后期完款时，完款的金额超过了1000万元。

这次的招商会在整个文具行业产生了轰动的效果，联优文具的名气也就叫响了。

从联优文具的招商会就能够看出，招商演讲必须以拿到结果为目标，所有的努力都要为拿到结果服务。联优文具一开始客户黏度低，就是吃了目标没有定准的亏，没有把重点放在“拿到结果”上面。当它在我的建议下改变策略，为了拿到结果而给代理商提供更多的优惠和方便时，代理商的激情一下子就被点燃了，招商的结果也变得非常好。

做招商演讲目的是为了招商，所以一定要把拿到结果放在首要的位置。如果只是点燃了客户的热情，却没能给出合作的方法、优惠的策略等，是无法吸引到客户的。招商演讲，要让客户有看得见的实惠和利益，能做到这些，即便你的演讲能力不是很好，招商演讲的结果通常也不会太差。

当然，如果你本身就是一个演讲高手，那么，你可以用更多的方法去营造出更好的气氛，让招商的结果更好。例如，先用演讲来激发客户心中的热情，让他们跟着你的思维走，让他们内心沉睡的梦想被点燃；用一个合适的场地和环境布置，让招商现场更有气氛，从感官上带给客户更好的体验，让他们更加认可你的能力和专业水平，更愿意签单。

总之，先握住“以拿到结果为目标”这个核心点，然后再在其他各个层面去完善。这样一来，你的招商演讲就能做好，你所获得的客户就会更多，同时你的用户黏性也会更强。

创立杰果机构，帮助更多企业家学会招商演讲

招商演讲对一个企业来讲很重要，做好了招商演讲，企业的发展就会更加顺利。如果一个企业家不会招商演讲，那么他就会在很多地方受到限制。

其实，一个企业家要想真正学会招商演讲，自己的招商演讲水平很重要，但还不是最关键的。在企业当中，一个企业家需要担当一个总指挥的角色，把员工安排好，打造一个好的团队。能够有一个好的团队，企业家自己不需要做太多的事情，只要把团队指挥好就行了。在招商演讲这件事上，也是如此。企业家应该培养出自己的招商演讲团队，利用团队来做招商演讲，而不是什么都靠自己亲自上阵。企业家一个人的能量是有限的，就算自己的招商演讲做得再好，也无法独自撑起一个庞大的企业。但团队的能量则是巨大的甚至是无限的，能在企业的招商演讲过程中发挥它的作用。

一个企业有好的项目，没有团队是不行的；企业家只会演讲，不会招商演讲也不行；企业家只有一个人做招商演讲，没有招商演讲团队也不行。

杰果集团有一个非常大的优势，就是团队非常厉害。杰果集团在做招商的时候，将整个内容分为几大板块。

1.这些板块中，有一个是会务板块，就是整个会场。

整个会场里面的所有内容都是要非常注意的，从选址开始就很用心。酒店的选址、会场的选址、会场的形象等都很重要，具体的细节可以细化到会场的大小、高度、周边的环境等。杰果集团对场地的要求非常严格，会分析那个场地是否有能量场，必须有能量场才行。另外，会场的配色也是非常讲究的，因为好的配色能给人更好的体验，促进招商结果的达成。

2.另一个板块，是所有物料的准备。

杰果集团对物料也十分重视，对于会场所使用的物料，通常都是精心配置。杰果集团认为，招商会的物料配备不精致，就无法形成一个强大的能量场，最终影响招商的结果。杰果集团通常都会使用精致的物料来打造能量场，这样一来，客户在走进他们所布置的会场时，就已经开始被他们慢慢感染，最终达到精神上的一致和认同。

3.还有一个板块，就是招商的流程。

招商的流程很重要，流程正确了，整个招商会才显得有条不紊。杰果集团对于招商的流程十分重视，会做足计划，根据招商演讲的内容和客户的实际情况来进行安排。比如，要安排谁去演讲，总共安排几个老师上台去讲。比如，安排董事长讲话，安排讲模式的人讲讲模式，安排客户见证的人，安排老师、主持。到底是哪几个人去讲，总共要上去几个人讲，每个人讲多长时间，这些内容都会提前设计好。

4.最后一个板块，对演讲内容的设计。

明确了要由谁上台去演讲、每个人的上场顺序等事项之后，对于演讲的内容，杰果集团也是会精心设计的。每一个人讲什么内容，都会事先确定。比如，主办方董事长怎么讲，杰果集团都有标准版的一个流程，是非常标准的一个模板。杰果集团将这个模板给这个董事长，就相当于有了大纲，然后董事长再根据自己企业的实际情况，把自己企业的内容放上去。这样一来，就算是董事长没有写演讲稿的经验，也没有招商演讲的经验，有了这个大纲，他的演讲内容也能中规中矩。如果董事长本身就是个演讲高手，也很会做招商演讲，那么他的演讲稿会写得更好、更能打动人。

另外，在台上应该怎样表现，怎样和客户分享自己的想法和感受，比如，主办者想表达自己的一个发心和使命，这些杰果集团也是会进行辅导的。用短短10~20分钟所能讲的有限语言，让它的内容达到一个项目的高度，一个能体现出自己的使命和发心的高度，以及未来要把这些人带到哪里去的梦想的高度，这是很需要技巧的。通过杰果集团的辅导，在短短10~20分钟，就可以把这些内容用十分震撼的演讲方式表达出来，然后招商演讲也能取得好的效果，让成交率更高。这就是杰果集团要做的，也是杰果集团给企业家个人在招商演讲中所提供的帮助。

虽然杰果集团给企业家在招商演讲这方面提供了很多的帮助，但是，招商演讲不是一蹴而就的事，需要做非常多的准备工作。比如，对整个团队进行培训、辅导等。

在进行招商演讲之前，需要对招商的公司进行考察，对每一个细微的环节都不放过，尽可能多地收集信息。比如，相关负责人亲自到招商的公司去考察所有项目的来源，了解招商公司的团队构造等。对于招商公司的所有股东，以及所有核心层的构造，也要充分了解。还有这些核心人物的背景，这些人现在负责的板块、将来负责的板块等。整个公司未来的规划要清楚，还有公司的过去和现在也要了解。招商公司现在所有团队的过去、现在、未来，也都要调查清楚。还有招商公司生存的模式，我们都要去做调查、做梳理。

正所谓“知己知彼百战百胜”。在招商演讲之前，整个团队都积极行动起来，对招商公司进行全面考察，了解了它的全部信息，在招商演讲时就能胜券在握、成竹在胸。想要拿到好的招商结果，想要让成交率更高，这个招商演讲团队是非常重要的。

会招商演讲的企业家就是不一样

会招商演讲的企业家和不会招商演讲的企业家，给人的感觉是大不一样的。会招商演讲的企业家具有非常大的优势，能给企业一个更好的未来。

马云是一个非常擅长演讲的人，他不但会做普通的演讲，做招商演讲的能力也非常强。这一点，从他可以在几分钟时间里说服孙正义，就能够看出来。

很多人都知道，虽然现在的阿里巴巴非常强大，但在阿里巴巴创始之初，没有人想投资它，甚至有很多人认为这个公司是骗人的。但是，马云凭借自己强大的招商演讲能力，在几分钟之内就征服了孙正义，让他愿意投资。正是由于马云的招商演讲能力强大，阿里巴巴才有了发展的机会。

一个会招商演讲的企业家，对企业来说是个宝。这样的企业家，不但能给企业的发展指明方向，还能在企业的发展中不断拉来大客户，给企业发展带来强大的推动力。

会招商演讲的企业家就是与众不同，在这个人人都应该会演讲的自媒体时代，企业家的气场能够在招商演讲的时候展现得淋漓尽致。企业家只有会招商演讲，才能把别人比下去，才能展现出自己的魅力，赢得客户的心，也给企业创造更多的发展机会。

学会了招商演讲之后，企业家就会显得更加强大，底气也会更足。而且，一个会招商演讲的企业家，一定能够带起一个会招商演讲的团队来。原因在于，企业里的人都是围着企业家转的，企业家的喜好和行为都会影响到下面的人。当企业家注意做招商演讲时，员工也会争相效仿，不仅企业家打造出来的招商演讲团队会很优秀，企业的其他人也一定会对招商演讲有一定的认识。“强将手下无弱兵”，说的就是这个道理。